Italų Kulinarinė Knyga 2023

Patirkite Autentišką Italijos Skonį Namuose!

Cecilia Faudella

TURINYS

Tunu įdaryta cukinija 8

Kepta cukinija 11

Cukinijų lėkštės 13

Saldžiarūgštis žieminis moliūgas 15

Ant grotelių keptos daržovės 17

Skrudintos žieminės šakninės daržovės 19

Vasaros daržovių troškinys 21

Sluoksniuotas daržovių troškinys 24

Namų stiliaus duona 29

Žolelių duona 31

Marches stiliaus sūrio duona 34

Auksiniai kukurūzų suktinukai 37

Juodųjų alyvuogių duona 40

Strombolių duona 43

Graikinių riešutų sūrio duona 46

Pomidorų suktinukai 49

Šalis Brioche … 52

Sardinijos muzika-popierinė duona … 55

Raudonųjų svogūnų paplotėlis … 58

Baltojo vyno paplotėlis … 61

Saulėje džiovintų pomidorų paplotėlis … 64

Romos bulvių paplotėlis … 67

Keptuvės duonos iš Emilijos-Romanijos … 70

Duonos lazdelės … 73

Pankolių žiedai … 76

Migdolų ir juodųjų pipirų žiedai … 79

Namų stiliaus pica … 82

Neapolietiško stiliaus picos tešla … 85

Mocarelos, pomidorų ir bazilikų pica … 88

Pomidorų, česnakų ir raudonėlių pica … 90

Pica su laukiniais grybais … 92

Calzoni … 95

Ančiuvių kepiniai … 98

Pomidorų ir sūrio apyvarta … 101

Velykų pyragas … 103

Sicilijos kardžuvės tortas … 107

Žaliųjų svogūnų pyragas … 112

Sviesto žiedai … 115

Citrinų mazgai 117

Prieskonių sausainiai 120

Vafliniai slapukai 122

Saldūs Ravioli 125

„Bjauri, bet geri" slapukai 128

Jam Spots 130

Dvigubas šokoladinis riešutų biskvitas 132

Šokoladiniai bučiniai 135

Šokoladas be kepimo "Salame" 138

Prato sausainiai 140

Umbrijos vaisių ir riešutų biscotti 143

Citrinų riešutų biskvitas 146

Graikinių riešutų biskvitai 148

Migdolų makaronai 150

Pušies riešutų makaronai 153

Lazdyno riešutų batonėliai 155

Graikinių riešutų sviesto sausainiai 157

Vaivorykštės slapukai 159

Kalėdiniai figų sausainiai 163

Migdolų trapumas 167

Sicilijos riešutų suktinukai 169

Biskvitinis tortas 172

Citrusinis biskvitas 174

Citrininis alyvuogių aliejaus pyragas 177

Marmurinis pyragas 179

Romo pyragas 182

Močiutės pyragas 185

Abrikosų migdolų pyragas 189

Vasaros vaisių tortas 192

Rudens vaisių tortas 194

Polenta ir kriaušių pyragas 196

Ricotta sūrio pyragas 199

Sicilietiškas rikotos pyragas 202

Ricotta trupinių pyragas 205

Velykinis kviečių-uogų pyragas 208

Šokoladinis lazdyno riešutų pyragas 213

Šokoladinis migdolų pyragas 217

Šokoladinis apelsinų tortas 220

Tunu įdaryta cukinija

Cukinija al Tonno

Padaro 6 porcijas

Aš juos valgiau kaip užkandį kaimo restorane Toskanoje. Dažnai patiekiu juos kaip pagrindinį patiekalą su žaliomis salotomis.

2 riekelės vienadienės itališkos arba prancūziškos duonos, pašalintos pluta (apie 1/3 puodelio duonos)

1/2 stiklinės pieno

6 mažos cukinijos, apipjaustytos

1 (61/2 uncijos) skardinė tuno, supakuota į alyvuogių aliejų

1/4 puodelio šviežiai tarkuoto Parmigiano-Reggiano plius 2 šaukštai

1 česnako skiltelė, smulkiai pjaustyta

2 šaukštai smulkiai pjaustytų šviežių plokščialapių petražolių

Šviežiai tarkuotas muskato riešutas

Druska ir šviežiai malti juodieji pipirai

1 didelis kiaušinis, lengvai paplaktas

1. Orkaitės centre padėkite lentyną. Įkaitinkite orkaitę iki 425 ° F. Kepimo skardą sutepkite aliejumi, tiek, kad viename sluoksnyje tilptų cukinijų puselės.

2. Duoną apšlakstykite pienu ir palikite mirkti, kol suminkštės. Cukinijas nušveiskite šepetėliu po šaltu tekančiu vandeniu. Nupjaukite galus.

3. Cukiniją perpjaukite per pusę išilgai. Mažu šaukšteliu išskobkite minkštimą, palikdami 1/4 colio apvalkalą, ir atidėkite minkštimą į šalį. Paruoštoje keptuvėje išdėliokite cukinijų lukštus nupjauta puse į viršų. Susmulkinkite cukinijos minkštimą ir sudėkite į dubenį.

4. Tuną nusausinkite, palikdami aliejų. Dideliame dubenyje sutrinkite tuną. Išspauskite duoną ir suberkite į tuną kartu su smulkintu cukinijos minkštimu, 1/4 puodelio sūrio, česnaku, petražolėmis, muskato riešutu, druska ir pipirais pagal skonį. Gerai ismaisyti. Įmuškite kiaušinį.

5. Šaukštu supilkite mišinį į cukinijų lukštus. Cukinijas išdėliokite kepimo skardoje. Apšlakstykite trupučiu rezervuoto tuno aliejaus. Pabarstykite likusiu sūriu. Aplink cukinijas užpilkite 1/2 puodelio vandens.

6. Kepkite 30–40 minučių arba tol, kol cukinijos paruduos ir suminkštės, pradurtos peiliu. Patiekite šiltą arba kambario temperatūros.

Kepta cukinija

Cukinijos Fritte

Padaro 6 porcijas

Alus šiai tešlai suteikia gerą skonį ir spalvą, o burbuliukai padaro ją lengvą. Tešla taip pat tinka žuvies, svogūnų žiedų ir kitų daržovių kepimui.

6 mažos cukinijos

1 puodelis universalių miltų

2 dideli kiaušiniai

1/4 puodelio alaus

Augalinis aliejus kepimui

Druska

1. Cukinijas nušveiskite šepetėliu po šaltu tekančiu vandeniu. Nupjaukite galus. Cukinijas supjaustykite 2 × 1/4 × 1/4 colio juostelėmis.

2. Miltus paskleiskite ant vaško popieriaus lapo. Vidutiniame negiliame dubenyje išplakite kiaušinius iki putų. Plakite alų, kol gerai susimaišys.

3. Supilkite apie 2 colius aliejaus į gilų, sunkų puodą arba į gruzdintuvą, vadovaudamiesi gamintojo instrukcijomis. Įkaitinkite aliejų ant vidutinės ugnies, kol įpilus į keptuvę kiaušinių mišinio lašas sušnypš, o temperatūra ant kepimo termometro pasieks 370 °F.

4. Maždaug ketvirtadalį cukinijų juostelių apvoliokite miltuose, tada pamerkite į kiaušinių mišinį.

5. Laikydami cukinijas žnyplėmis, leiskite tešlos pertekliui nuvarvėti, tada po vieną cukiniją dėkite į aliejų. Pridėkite tik tiek, kiek tilps be perkrovos. Kepkite cukinijas iki traškios ir auksinės rudos spalvos, maždaug 2 minutes. Išimkite cukiniją kiaurasamčiu. Nusausinkite ant popierinių rankšluosčių. Likusią dalį laikykite šiltai žemoje orkaitėje.

6. Pabarstykite druska ir patiekite karštą.

Cukinijų lėkštės

Formatas cukinijos

Padaro 6 porcijas

Norint pagaminti šias subtilias plokštes, jums reikės šešių mažų ramekinų arba orkaitėje atsparių puodelių. Patiekite juos kaip garnyrą su kepsniais arba su kumpiu pavasario priešpiečiams. Paprastai leidžiu jiems pailsėti minutę ar dvi, o tada išformuoju, bet jei patiekiate tiesiai iš orkaitės, kol jie dar išpūsti, iš jų pagaminsite puikų pirmojo patiekalo suflė. Vis dėlto paskubėk; jie greitai skęsta.

Cukinijas galite pakeisti brokoliais, šparagais, morkomis ar kitomis daržovėmis.

1 valgomasis šaukštas nesūdyto sviesto, lydyto

3 vidutinės cukinijos, supjaustytos storais griežinėliais

4 dideli kiaušiniai, atskirti

½ puodelio tarkuoto Parmigiano-Reggiano

Žiupsnelis druskos

Žiupsnelis malto muskato riešuto

1. Cukinijas nušveiskite šepetėliu po šaltu tekančiu vandeniu. Nupjaukite galus.

2. Orkaitės centre padėkite lentyną. Įkaitinkite orkaitę iki 350°F. Ištirpintu sviestu gausiai ištepkite šešis 4 uncijų ramekinus arba orkaitėje atsparius kremo puodelius.

3. Užvirinkite didelį puodą vandens. Suberkite cukinijas ir užvirinkite. Virkite 1 minutę. Cukinijas gerai nusausinkite. Išdžiovinkite gabalus popieriniais rankšluosčiais. Cukinijas perpilkite per maisto malūną arba sutrinkite kombainu iki vientisos masės. Cukinijų tyrę perkelkite į didelį dubenį.

4. Į cukinijas įpilkite kiaušinių trynių, Parmigiano, druskos ir muskato riešuto ir gerai išmaišykite.

5. Dideliame dubenyje elektriniu plaktuvu išplakite kiaušinių baltymus, kol pakėlus plaktuvą jie išliks minkšti. Gumine mentele švelniai įmaišykite baltymus į cukinijų mišinį.

6. Supilkite mišinį į puodelius. Kepkite 15–20 minučių arba tol, kol viršūnės bus lengvai rudos spalvos, o šalia centro įsmeigtas peilis bus švarus. Išimkite puodelius iš orkaitės. Leiskite pailsėti 2 minutes, tada mažu peiliu apveskite puodelių vidų ir apverskite plokštes ant lėkštės.

Saldžiarūgštis žieminis moliūgas

Fegato dei Sette Cannoli

Sicilietiškas šio moliūgo pavadinimas yra „septynių patrankų kepenys". Palermo Septynių patrankų rajonas, pavadintas dėl garsaus fontano ir paminklo, kadaise buvo toks skurdus, kad jo gyventojai negalėjo sau leisti mėsos. Šiame recepte jie pakeitė moliūgą, kuris paprastai ruošiamas su kepenimis. Taip pat galima gaminti su cukinijų, morkų ar baklažanų griežinėliais.

Suplanuokite tai padaryti bent vieną dieną prieš patiekiant, nes skonis pagerėja. Gerai išsilaiko keletą dienų.

Nors siciliečiai paprastai moliūgus kepa, aš norėčiau juos kepti. Tai taip pat tinka kaip priešpastalas.

1 mažas sviesto riešutas, gilė ar kitas žieminis moliūgas arba moliūgas, supjaustytas 1/4 colio storio griežinėliais

Alyvuogių aliejus

1/3 stiklinės raudonojo vyno acto

1 valgomasis šaukštas cukraus

Druska

2 česnako skiltelės, labai smulkiai pjaustytos

⅓ puodelio kapotų šviežių plokščialapių petražolių arba mėtų

1. Nuplaukite moliūgą ir nusausinkite. Nupjaukite galus dideliu sunkiu šefo peiliu. Nulupkite odelę daržovių skustuvu. Moliūgą perpjaukite pusiau ir išskobkite sėklas. Supjaustykite moliūgą 1/4 colio storio griežinėliais. Įkaitinkite orkaitę iki 400°F.

2. Skvošo griežinėlius iš abiejų pusių gausiai aptepkite aliejumi. Išdėliokite riekeles ant kepimo skardos vienu sluoksniu. Kepkite 20 minučių arba kol suminkštės. Apverskite riekeles ir kepkite dar 15–20 minučių arba tol, kol moliūgai suminkštės, kai pradursite peiliu ir lengvai paruduos.

3. Tuo tarpu nedideliame puode įkaitinkite actą, cukrų ir druską pagal skonį. Maišykite, kol cukrus ir druska ištirps.

4. Ant lėkštės arba sekliame dubenyje išdėliokite kai kuriuos moliūgų griežinėlius vienu sluoksniu, šiek tiek perdengdami. Pabarstykite trupučiu česnako ir petražolių. Kartokite sluoksniavimą, kol bus panaudoti visi moliūgai, česnakai ir petražolės. Viską užpilkite acto mišiniu. Prieš patiekiant uždenkite ir atšaldykite mažiausiai 24 valandas.

Ant grotelių keptos daržovės

Verdure alla Griglia

Padaro 8 porcijas

Kepimas ant grotelių yra vienas geriausių daržovių kepimo būdų. Grilis suteikia jiems dūminį skonį, o grilio žymės suteikia vizualinio patrauklumo. Daržoves supjaustykite storais griežinėliais arba dideliais gabalėliais, kad jos nekristų per grotelių groteles į liepsnas. Jei norite, prieš patiekiant jas galima aptepti aliejaus ir acto padažu.

1 vidutinis baklažanas (apie 1 svaras) supjaustytas 1/2 colio storio griežinėliais

Druska

1 didelis raudonas arba ispaniškas svogūnas, supjaustytas 1/2 colio storio griežinėliais

4 dideli grybai, tokie kaip portabello, pašalinti stiebus

4 vidutiniai pomidorai, nuimti šerdį ir perpjauti per pusę skersai

2 didelės raudonos arba geltonos paprikos, išimtos šerdies, išskobtos ir supjaustytos ketvirčiais

Alyvuogių aliejus

Šviežiai malti juodieji pipirai

6 švieži baziliko lapeliai, suplėšyti gabalėliais

1. Nupjaukite baklažanų viršūnes ir apačias. Baklažaną supjaustykite skersai 1/2 colio storio griežinėliais. Baklažano skilteles gausiai pabarstykite druska. Sudėkite griežinėlius į kiaurasamtį ir palikite stovėti ant lėkštės 30 minučių, kad nuvarvėtų. Nuplaukite druską šaltu vandeniu ir nusausinkite riekeles popieriniais rankšluosčiais.

2. Padėkite kepsninę arba broilerių lentyną maždaug 5 colių atstumu nuo šilumos šaltinio. Įkaitinkite grilį arba broilerį.

3. Daržovių skilteles aptepkite alyvuogių aliejumi ir dėkite aliejumi patepta puse link šilumos šaltinio. Kepkite, kol lengvai apskrus, apie 5 minutes. Apverskite griežinėlius ir aptepkite aliejumi. Kepkite, kol paruduos ir suminkštės, apie 4 minutes. Daržoves pabarstykite druska ir pipirais.

4. Daržoves išdėliokite ant lėkštės. Apšlakstykite papildomai aliejumi ir pabarstykite bazilikais. Patiekite karštą arba kambario temperatūros.

Skrudintos žieminės šakninės daržovės

Verdure al Forno

Padaro 6 porcijas

Tai įkvėpė gražiai apskrudusios, pikantiškos daržovės, kurios dažnai pridedamos prie mėsos kepsnio Šiaurės Italijoje. Jei jūsų keptuvė nėra pakankamai didelė, kad daržovės būtų viename sluoksnyje, naudokite dvi keptuves.

2 vidutinės ropės, nuluptos ir supjaustytos ketvirčiais

2 vidutinės morkos, nuluptos ir supjaustytos 1 colio ilgio

2 vidutiniai pastarnokai, nulupti ir supjaustyti 1 colio ilgio

2 vidutinės universalios bulvės, supjaustytos ketvirčiais

2 vidutiniai svogūnai, supjaustyti ketvirčiais

4 česnako skiltelės, nuluptos

1/3 stiklinės alyvuogių aliejaus

Druska ir šviežiai malti juodieji pipirai

1.Orkaitės centre padėkite lentyną. Įkaitinkite orkaitę iki 450 ° F. Didelėje keptuvėje sumaišykite supjaustytas daržoves ir česnako skilteles. Daržovės turi būti vieno sluoksnio gylio. Jei reikia, naudokite dvi keptuves, kad daržovės nebūtų perpildytos. Daržoves apkepkite aliejumi ir druska bei pipirais pagal skonį.

2.Kepkite daržoves apie 1 valandą 10 minučių, apversdami jas kas 15 minučių, kol jos suminkštės ir apskrus.

3.Daržoves perkelkite į serviravimo indą. Patiekite karštą.

Vasaros daržovių troškinys

Ciambotta

Tarnauja nuo 4 iki 6

Vasarą kelis kartus per savaitę einu į mūsų vietinį ūkininkų turgų. Man patinka kalbėtis su ūkininkais ir išbandyti daugybę neįprastų produktų, kuriuos jie parduoda. Jei ne turgus, esu tikras, kad niekada nebūčiau ragavęs tokių dalykų kaip raudonos kiaulpienės, portulakos, avienos ketvirčiai ir daugybė kitų daržovių, kurių nerasi prekybos centruose. Deja, dažnai perku per daug. Štai tada gaminu ciambotta – pietų itališką daržovių troškinį.

Ši ypatinga ciambotta yra klasikinė, baklažanų, paprikų, bulvių ir pomidorų derinys. Jis yra nuostabus kaip garnyras arba užpiltas tarkuotu sūriu kaip pagrindinis patiekalas be mėsos. Taip pat galite valgyti šaltą užteptą ant skrudintos duonos crostini ir šiltą kaip sumuštinio įdarą su pjaustyta mocarela.

1 vidutinis svogūnas

4 slyviniai pomidorai

2 universalios bulvės, nuskustos

1 vidutinio baklažano

1 vidutinė raudonoji paprika

1 vidutinio geltonumo paprika

Druska ir šviežiai malti juodieji pipirai

3 šaukštai alyvuogių aliejaus

½ puodelio suplėšytų šviežių baziliko lapelių arba šviežiai tarkuotų Parmigiano-Reggiano arba Pecorino Romano (nebūtina)

1. Daržoves nulupkite ir supjaustykite kąsnio dydžio gabalėliais. Didelėje keptuvėje apkepkite svogūną aliejuje ant vidutinės-mažos ugnies, kol suminkštės, maždaug 5–8 minutes.

2. Sudėkite pomidorus, bulves, baklažanus ir paprikas. Įberkite druskos ir pipirų pagal skonį. Uždenkite ir virkite, retkarčiais pamaišydami, apie 40 minučių arba tol, kol visos daržovės suminkštės ir didžioji dalis skysčio išgaruos. Jei mišinys tampa per sausas, įpilkite porą šaukštų vandens. Jei skysčio yra per daug, atidenkite ir virkite dar 5 minutes.

3. Patiekite šiltą arba kambario temperatūros, paprastą arba papuoštą baziliku ar sūriu.

Variacija: Ciambotta su kiaušiniais: kai daržovės bus paruoštos, išplakite 4–6 kiaušinius su druska, kol susimaišys. Kiaušinius užpilkite ant daržovių. Nemaišyti. Uždenkite keptuvę. Virkite, kol kiaušiniai sustings, apie 3 minutes. Patiekite šiltą arba kambario temperatūros.

Sluoksniuotas daržovių troškinys

Teglia di Verdure

Tarnauja nuo 6 iki 8

Šiam troškinimui naudokite patrauklų kepimo ir patiekimo patiekalą, o daržoves patiekite iš indo. Jis puikiai dera su frittatas, vištiena ir daugeliu kitų patiekalų.

1 vidutinis baklažanas (apie 1 svaras), nuluptas ir plonais griežinėliais

Druska

3 vidutinės universalios bulvės (apie 1 svaras), nuluptos ir plonais griežinėliais

Šviežiai malti juodieji pipirai

2 vidutiniai svogūnai

1 raudona ir 1 žalia paprika, išimama iš šerdies ir smulkiai supjaustyta

3 vidutiniai pomidorai, supjaustyti

6 baziliko lapeliai, suplėšyti gabalėliais

⅓ stiklinės alyvuogių aliejaus

1. Baklažanus nulupkite ir supjaustykite plonais skersiniais griežinėliais. Riekeles sluoksniuokite į kiaurasamtį, kiekvieną gausiai pabarstykite druska. Uždėkite kiaurasamtį ant lėkštės ir palikite 30–60 minučių, kad nuvarvėtų. Baklažano skilteles nuplaukite ir nusausinkite.

2. Orkaitės centre padėkite lentyną. Įkaitinkite orkaitę iki 375 ° F. 13 × 9 × 2 colių kepimo indą gausiai ištepkite aliejumi.

3. Ant indo dugno padarykite perdengiančių bulvių griežinėlių sluoksnį. Pabarstykite druska ir pipirais. Uždenkite bulves baklažanų sluoksniu ir pabarstykite druska. Sudėkite svogūnų, paprikų ir pomidorų sluoksnius. Pabarstykite druska ir pipirais. Ant viršaus pabarstykite baziliką. Apšlakstykite alyvuogių aliejumi.

4. Uždenkite folija. Kepti 45 minutes. Atsargiai nuimkite foliją. Virkite dar 30 minučių arba kol paruduos, o persmeigus peiliu daržovės suminkštės. Patiekite šiltą arba kambario temperatūros.

Duona, picos, pikantiški pyragai ir sumuštiniai

Buono come il pane, „gera kaip duona", yra senas italų būdas apibūdinti ką nors ar ką nors labai ypatingo. Tai taip pat parodo, kokia svarbi duona. Kiekvienas italas žino, kad duona yra geriausia, geriausia ir nieko negali būti geriau už duoną. Nesvarbu, ar tai būtų rozetė, apvalus vyniotinis, susmulkintas su pluta ir trupiniais, ar skaleta, kopėčių formos, auksiniai, kietų kviečių kepalai iš Sicilijos, kepami migdolų kevalais kaitinamose krosnyse, itališka duona turi nuostabų charakterį ir skonį. Kiekvienas regionas turi savitą stilių. Toskanos ir Umbrijos duona gaminama be druskos, prie kurios reikia priprasti. Duona iš Altamura Apulijoje yra šviesiai auksinė ir praktiškai yra nacionalinis lobis. Žmonės Romoje ir šiaurinėse vietovėse moka didesnę kainą, kad jį gautų. Romos duona viduje drėgna, pilna skylučių, traški,

Tada yra paplotėliai: pica, focaccia, piadina ir visi kiti skanūs variantai. Kiekvienas regionas turi savo mėgstamiausią. Neapolis didžiuojasi savo, kaip šiuolaikinės picos gimtinės, reputacija, o Genoviečiai prisipažįsta focaccia. Pietų Italijoje populiarūs pikantiški pyragaičiai, gaminami iš dviejų duonos sluoksnių arba picos tešlos, kepamos aplink daržovių, mėsos ar sūrio įdarą, valgomi kaip užkandis ar sotus patiekalas.

Toliau pateikti receptai yra tik keletas iš daugybės galimybių. Nedaug italų kepa duoną namuose, nes kiekviename mikrorajone yra vietinis fornas („krosnis"), kaip vadinama duonos kepyklėlė, kurioje šviežia duona kepama kelis kartus per dieną. Duonos gaminamos iš lėtai kylančios tešlos, kuri sukuria sudėtingus skonius ir gerą tekstūrą bei kramtomumą. Kadangi jie kepami orkaitėse, kurių temperatūra yra aukštesnė nei namų virtuvėse, jų plutelė yra traški.

Šiame skyriuje pateikti receptai puikiai tinka ir be specialios įrangos. Tačiau jei mėgstate gaminti mielinę duoną, vertėtų investuoti į kepimo akmenį ar neglazūruotas kepimo plyteles. Didelio našumo maišytuvas su tešlos kabliu arba didelės talpos virtuviniu kombainu leidžia trumpai maišyti sunkią, lipnią tešlą. Duonkepė taip pat gali būti naudojama tešlai maišyti ir kildinti, tačiau netinka tokio tipo duonai kepti.

Taip pat įtraukiau pikantiškų pyragų su sūriu ir daržovėmis receptus. Tai tinka pirmam patiekalui arba su salotomis visam patiekalui.

Sumuštiniai yra populiarūs užkandžiams ir lengviems patiekalams visoje Italijoje. Milaniečiai išrado paninotecą – sumuštinių parduotuvę, kurioje galite užsisakyti įvairių rūšių duonos derinių, tiek skrudintų, tiek neskrudintų. Paninoteką ypač mėgsta jaunesni žmonės, kurie užsuka sumuštinių ir alaus.

Kitose šalies vietose galite valgyti panino, pagamintą iš baltos duonos, focaccia ar bandelių. Romėnai mėgsta ploną, be plutos tramezzino (trikampiu supjaustytą) sumuštinį, o Bolonijoje sumuštiniai gaminami ant rozetės, vietinių traškių suktinukų. Pakeliui namo iš Italijos visada palieku laiko užsukti į oro uosto kavinę, paragauti prosciutto ir rukolos sumuštinio „portare" ir mėgautis juo lėktuve namo.

Namų stiliaus duona

Pane di Casa

Padaro 2 kepalus

Štai pagrindinė itališko stiliaus duona, kuri namų krosnyje pasirodo graži ir traški. Kadangi tešla yra labai lipni, geriausia šią duoną gaminti galingu maišytuvu arba virtuviniu kombainu. Nesigundykite į tešlą dėti daugiau miltų. Kad būtų gauti tinkami rezultatai, jis turi būti labai drėgnas, su didelėmis skylutėmis trupiniuose ir traškia pluta.

1 arbatinis šaukštelis aktyvių sausų mielių

2 puodeliai šilto vandens (nuo 100° iki 110°F)

4 1/2 stiklinės duonos miltų

2 arbatinius šaukštelius druskos

2 šaukštai smulkių manų kruopų

1. Supilkite vandenį į galingą maišytuvo dubenį. Pabarstykite mielėmis. Leiskite pastovėti, kol mielės taps kreminės, apie 2 minutes. Maišykite, kol mielės ištirps.

2. Suberkite miltus ir druską. Gerai išmaišykite, kol susidarys minkšta tešla. Tešla turi būti labai lipni. Plakite tešlą iki vientisos ir elastingos masės, maždaug 5 minutes.

3. Aliejumi ištepkite didelio dubens vidų. Supilkite tešlą į dubenį, apverskite, kad viršus pateptų aliejumi. Uždenkite plastikine plėvele ir palikite pakilti šiltoje, be skersvėjų vietoje, kol masė padvigubės, maždaug 1 1/2 valandos.

4. Tešlą išlyginkite ir padalinkite per pusę. Kiekvieną gabalėlį suformuokite į rutulį. Manų kruopas išbarstykite ant didelės kepimo skardos. Tešlos rutuliukus dėkite kelių colių atstumu vienas nuo kito ant kepimo skardos. Uždenkite plastikine plėvele ir palikite pakilti šiltoje, be skersvėjų vietoje, kol padvigubės, maždaug 1 valandą.

5. Padėkite lentyną orkaitės centre. Įkaitinkite orkaitę iki 450 ° F. Skustuvo ašmenimis arba labai aštriu peiliu kiekvieno kepalo viršuje įpjaukite X. Tešlą perkelkite ant kepimo akmens. Kepkite, kol kepalai taps auksinės rudos spalvos, o bakstelėjus į dugną skambės tuščiaviduriai, 40 minučių.

6. Padėkite kepalus ant grotelių, kad visiškai atvėstų. Laikyti suvyniotą į foliją iki 24 valandų kambario temperatūroje arba šaldiklyje iki vieno mėnesio.

Žolelių duona

Pane alle Erbe

Padaro vieną 12 colių kepalą

Forlimpopolio mieste, Emilijoje-Romanijoje, valgiau restorane, kurį jauna pora atidarė septynioliktojo amžiaus viloje. Prieš valgį išnešė skanią žolelių duoną. Kai pasiteiravau, kulinarė mielai pasidalijo receptu, patardama, kad norint pasiekti geriausių rezultatų reikėtų auštant išeiti į sodą skinti žolelių, kol jos dar šlapios nuo ryto rasos. Tačiau gerų rezultatų vis tiek pasieksite su šviežiai iš prekybos centro nuskintomis žolelėmis.

1 vokas (21/2 arbatinio šaukštelio) aktyvių sausų mielių arba 2 arbatiniai šaukšteliai momentinių mielių

1 puodelis šilto vandens (nuo 100° iki 110°F)

2 šaukštai nesūdyto sviesto, ištirpinto ir atvėsinto

Apie 21/2 stiklinės nebalintų universalių miltų

1 valgomasis šaukštas cukraus

1 arbatinis šaukštelis druskos

1 valgomasis šaukštas kapotų šviežių plokščialapių petražolių

1 valgomasis šaukštas kapotų šviežių mėtų

1 valgomasis šaukštas smulkintų šviežių čiobrelių

1 valgomasis šaukštas pjaustytų šviežių česnakų

1 kiaušinio trynys plius 1 valgomasis šaukštas vandens

1. Supilkite vandenį į didelį dubenį. Pabarstykite mielėmis. Leiskite pastovėti, kol mielės taps kreminės, apie 2 minutes. Maišykite, kol mielės ištirps.

2. Suberkite sviestą ir 2 puodelius miltų, cukrų ir druską ir maišykite, kol susidarys minkšta tešla. Išverskite tešlą ant lengvai miltais pabarstyto paviršiaus. Pabarstykite žolelėmis ir minkykite iki vientisos ir elastingos masės maždaug 10 minučių, prireikus įberdami daugiau miltų, kad susidarytų drėgna, bet nelipni tešla. (Arba gaminkite tešlą galingu maišytuvu, virtuviniu kombainu arba duonos mašina, vadovaudamiesi gamintojo nurodymais.)

3. Aliejumi ištepkite didelio dubens vidų. Įdėkite tešlą į dubenį, vieną kartą apversdami, kad aliejuotumėte viršų. Uždenkite plastikine plėvele ir palikite šiltoje vietoje, kol tūris padidės dvigubai, maždaug 1 valandą.

4.Didelę kepimo skardą sutepkite aliejumi. Tešlą dėkite ant lengvai miltais pabarstyto paviršiaus ir rankomis išlyginkite, kad neliktų oro burbuliukų. Tešlą iškočiokite tarp rankų, kad susidarytumėte maždaug 12 colių ilgio virvę. Tešlą dėkite ant kepimo skardos. Uždenkite plastikine plėvele ir leiskite pakilti, kol padvigubės, maždaug 1 valandą.

5.Padėkite lentyną orkaitės centre. Įkaitinkite orkaitę iki 400°F. Tešlą aptepkite kiaušinio trynių mišiniu. Skustuvu arba labai aštriu peiliu nupjaukite 4 įpjovas iš viršaus. Kepkite, kol kepalas taps auksinės rudos spalvos, o bakstelėjus į dugną skambės tuščiaviduriai, apie 30 minučių.

6.Padėkite duoną ant grotelių, kad visiškai atvėstų. Suvyniokite į foliją ir laikykite kambario temperatūroje iki 24 valandų arba užšaldykite iki 1 mėnesio.

Marches stiliaus sūrio duona

Ciaccia

Padaro vieną 9 colių apvalų kepalą

Centrinėje Italijoje esantis Marches regionas galbūt nėra gerai žinomas dėl maisto, tačiau jis turi daug ką pasiūlyti. Pakrantėje yra puikių jūros gėrybių, o viduje, kur yra tvirtų kalnų, maistas yra nuoširdus ir yra žvėrienos bei triufelių. Vienas iš vietinių patiekalų yra ciauscolo, minkšta dešra, gaminama iš labai smulkiai maltos kiaulienos, pagardintos česnaku ir prieskoniais, kurią galima tepti ant duonos. Ši kvapni duona iš dviejų rūšių sūrių patiekiama užkandžiams arba kaip užkandis prie vyno taurės. Puikiai tiks iškylai su kietai virtais kiaušiniais, saliamiu ir salotomis.

1 vokas (2 1/2 arbatinio šaukštelio) aktyvių sausų mielių arba 2 arbatiniai šaukšteliai momentinių mielių

1 puodelis šilto pieno (100–110 °F)

2 dideli kiaušiniai, sumušti

2 šaukštai alyvuogių aliejaus

1/2 puodelio šviežiai tarkuoto Pecorino Romano

½ puodelio šviežiai tarkuoto Parmigiano-Reggiano

Apie 3 stiklines nebalintų universalių miltų

½ arbatinio šaukštelio druskos

½ arbatinio šaukštelio šviežiai maltų juodųjų pipirų

1. Dideliame dubenyje ant pieno pabarstykite mieles. Leiskite pastovėti, kol mielės taps kreminės, apie 2 minutes. Maišykite, kol mielės ištirps.

2. Įmuškite kiaušinius, aliejų, sūrius ir gerai išplakite. Mediniu šaukštu suberkite miltus, druską ir pipirus, kol pasidarys minkšta tešla. Išverskite tešlą ant lengvai miltais pabarstyto paviršiaus. Minkykite iki vientisos ir elastingos masės, apie 10 minučių, prireikus įberkite daugiau miltų, kad susidarytų drėgna, bet nelipni tešla. (Arba tešlą gaminkite galingu maišytuvu, virtuviniu kombainu arba duonos mašina pagal gamintojo nurodymus.) Iš tešlos suformuokite rutulį.

3. Aliejumi ištepkite didelio dubens vidų. Įdėkite tešlą į dubenį, vieną kartą apversdami, kad viršus aliejuotumėte. Uždenkite plastiku ir palikite pakilti 1 1/2 valandų arba kol masė padvigubės.

4. Paspauskite tešlą žemyn, kad neliktų oro burbuliukų. Iš tešlos suformuokite rutulį.

5. 9 colių spyruoklinę keptuvę sutepkite aliejumi. Sudėkite tešlą, uždenkite ir vėl leiskite pakilti, kol padvigubės, maždaug 45 minutes.

6. Padėkite lentyną orkaitės centre. Įkaitinkite orkaitę iki 375 ° F. Tešlos viršų patepkite kiaušinio tryniu. Kepkite iki auksinės rudos spalvos, apie 35 minutes.

7. Leiskite 10 minučių atvėsti keptuvėje. Nuimkite keptuvės šonus, tada padėkite duoną ant grotelių, kad ji visiškai atvėstų. Suvyniokite į foliją ir laikykite kambario temperatūroje iki 24 valandų arba užšaldykite iki 1 mėnesio.

Auksiniai kukurūzų suktinukai

Panini d'Oro

Padaro nuo 8 iki 10 porcijų

Maži apvalūs suktinukai su puse vyšninių pomidorų įgauna auksinę spalvą nuo kukurūzų miltų. Iš tešlos formuojami rutuliukai, kurie kepdami susilieja į vieną kepaliuką. Suktinukus galima patiekti kaip visą kepalą, kiekvienam nuplėšus savo. Tai ypač tinka sriubos vakarienei arba su sūriu.

1 vokas (2 1/2 arbatinio šaukštelio) aktyvių sausų mielių arba 2 arbatiniai šaukšteliai momentinių mielių

1/2 puodelio šilto vandens (100–110 °F)

1/2 stiklinės pieno

1/4 stiklinės alyvuogių aliejaus

Apie 2 stiklines nebalintų universalių miltų

1/2 puodelio smulkių geltonų kukurūzų miltų

1 arbatinis šaukštelis druskos

10 vyšninių pomidorų, perpjautų per pusę

1. Dideliame dubenyje ant vandens pabarstykite mieles. Leiskite pastovėti, kol mielės taps kreminės, apie 2 minutes. Maišykite, kol mielės ištirps. Įmaišykite pieną ir 2 šaukštus aliejaus.

2. Dideliame dubenyje sumaišykite miltus, kukurūzų miltus ir druską.

3. Į skystį suberkite sausus ingredientus ir maišykite, kol susidarys tešla. Išverskite tešlą ant lengvai miltais pabarstyto paviršiaus. Minkykite iki vientisos ir elastingos masės, apie 10 minučių, prireikus įberkite daugiau miltų, kad susidarytų drėgna, šiek tiek lipni tešla. (Arba tešlą gaminkite galingu maišytuvu, virtuviniu kombainu arba duonos mašina pagal gamintojo nurodymus.) Iš tešlos suformuokite rutulį.

4. Aliejumi ištepkite didelio dubens vidų. Sudėkite tešlą, vieną kartą apversdami, kad aliejuotumėte viršų. Uždenkite plastikine plėvele ir palikite kilti 11/2 valandų šiltoje, be skersvėjų vietoje.

5. 10 colių spyruoklinę keptuvę sutepkite aliejumi. Paspauskite tešlą žemyn, kad neliktų oro burbuliukų. Tešlą supjaustykite į ketvirčius. Kiekvieną ketvirtį supjaustykite į 5 lygias dalis. Kiekvieną gabalėlį susukite į rutulį. Išdėliokite gabalėlius keptuvėje. Kiekvieno tešlos gabalo centre įspauskite po pomidorą puse nupjauta puse žemyn. Uždenkite plastikine

plėvele ir palikite pakilti šiltoje vietoje 45 minutes arba kol padvigubės.

6. Padėkite lentyną orkaitės centre. Įkaitinkite orkaitę iki 400°F. Tešlą apšlakstykite likusiais 2 šaukštais alyvuogių aliejaus. Kepkite 30 minučių arba iki auksinės rudos spalvos.

7. Nuimkite keptuvės šonus. Slinkite suktinukus ant grotelių, kad atvėstų. Suvyniokite į foliją ir laikykite kambario temperatūroje iki 24 valandų arba užšaldykite iki 1 mėnesio.

Juodųjų alyvuogių duona

Pane di Olive

Padaro du 12 colių kepalus

Ši duona gaminama su starteriu, miltų, vandens ir mielių mišiniu. Starteris pakyla atskirai ir dedamas į tešlą, kad duonai suteiktų papildomo skonio. Planuokite, kad starteris būtų bent 1 valanda arba viena diena anksčiau.

Nors šiam receptui dažniausiai naudoju kvapnias itališkas juodąsias alyvuoges, galima naudoti ir žaliąsias alyvuoges. Arba išbandykite kelių skirtingų rūšių alyvuogių mišinį. Ši duona populiari Veneto regione.

1 vokas (2 1/2 arbatinio šaukštelio) aktyvių sausų mielių arba 2 arbatiniai šaukšteliai momentinių mielių

2 puodeliai šilto vandens (nuo 100° iki 110°F)

Apie 4 1/2 stiklinės nebalintų universalių miltų

1/2 stiklinės viso grūdo miltų

2 arbatinius šaukštelius druskos

2 šaukštai alyvuogių aliejaus

1½ puodelių kvapnių juodųjų alyvuogių, tokių kaip Gaeta, be kauliukų ir stambiai pjaustytų

1. Vidutiniame dubenyje mieles pabarstykite ant 1 puodelio vandens. Leiskite pastovėti, kol mielės taps kreminės, apie 2 minutes. Maišykite, kol mielės ištirps. Įmaišykite 1 puodelį universalių miltų. Uždenkite plastikine plėvele ir palikite stovėti vėsioje vietoje, kol pradės burbuliuoti, maždaug 1 valandą arba per naktį. (Jei oras karštas, padėkite starterį į šaldytuvą. Išimkite maždaug 1 valandą prieš gamindami tešlą.)

2. Dideliame dubenyje sumaišykite likusius 3 1/2 puodelio universalių miltų, viso grūdo kvietinius miltus ir druską. Įpilkite starterio, likusį 1 puodelį šilto vandens ir aliejaus. Mediniu šaukštu maišykite, kol pasidarys minkšta tešla.

3. Tešlą išverskite ant lengvai miltais pabarstyto paviršiaus ir minkykite iki vientisos ir elastingos masės, apie 10 minučių, prireikus įberdami daugiau miltų, kad susidarytų drėgna ir šiek tiek lipni tešla. (Arba tešlą gaminkite galingu maišytuvu, virtuviniu kombainu arba duonos mašina pagal gamintojo nurodymus.) Iš tešlos suformuokite rutulį.

4. Aliejumi ištepkite didelio dubens vidų. Įdėkite tešlą, vieną kartą apversdami, kad aliejuotumėte viršų. Uždenkite plastikine plėvele ir palikite pakilti šiltoje vietoje, kol masė padvigubės, maždaug 11/2 valandos.

5. Didelę kepimo skardą sutepkite aliejumi. Tešlą išlyginkite, kad neliktų oro burbuliukų. Trumpai įmaišykite alyvuoges. Padalinkite tešlą į dvi dalis ir kiekvieną gabalėlį suformuokite į maždaug 12 colių ilgio kepalą. Ant paruoštos kepimo skardos padėkite kepalus kelių centimetrų atstumu vienas nuo kito. Uždenkite plastikine plėvele ir leiskite pakilti, kol masė padvigubės, maždaug 1 valandą.

6. Padėkite lentyną orkaitės centre. Įkaitinkite orkaitę iki 400°F. Naudodami vieno krašto skutimosi peiliuką arba aštrų peilį kiekvieno kepalo paviršiuje padarykite 3 arba 4 įstrižais įpjovas. Kepkite nuo 40 iki 45 minučių arba iki auksinės rudos spalvos.

7. Padėkite kepalus ant grotelių, kad atvėstų. Suvyniokite į foliją ir laikykite kambario temperatūroje iki 24 valandų arba užšaldykite iki 1 mėnesio.

Strombolių duona

Rotolo di Pane

Padaro du 10 colių kepalus

Kiek suprantu, ši duona, įdaryta sūriu ir sūdyta mėsa, yra italų ir amerikiečių kūrinys, galbūt įkvėptas Sicilijos bonatos, duonos tešlos, apvyniotos aplink įdarą ir iškeptos į kepalą. Strombolis yra garsus Sicilijos ugnikalnis, todėl pavadinimas tikriausiai yra nuoroda į tai, kad iš garų angų trykšta įdaras, panašus į išlydytą lavą. Patiekite duoną kaip užkandį ar užkandį.

1 arbatinis šaukštelis aktyvių sausų mielių arba 2 arbatiniai šaukšteliai tirpių mielių

¾ puodelio šilto vandens (100–110 °F)

Apie 2 stiklines nebalintų universalių miltų

1 arbatinis šaukštelis druskos

4 uncijos supjaustyto švelnaus provolono arba šveicariško sūrio

2 uncijos plonais griežinėliais pjaustyto saliamio

4 uncijos supjaustyto kumpio

1 kiaušinio trynys išplaktas su 2 šaukštais vandens

1. Dideliame dubenyje ant vandens pabarstykite mieles. Leiskite pastovėti, kol mielės taps kreminės, apie 2 minutes. Maišykite, kol mielės ištirps.

2. Suberkite miltus ir druską. Mediniu šaukštu maišykite, kol pasidarys minkšta tešla. Tešlą išverskite ant lengvai miltais pabarstyto paviršiaus ir minkykite iki vientisos ir elastingos masės, apie 10 minučių, prireikus įberdami daugiau miltų, kad gautumėte drėgną, bet nelipnią tešlą. (Arba gaminkite tešlą galingu maišytuvu, virtuviniu kombainu arba duonos mašina, vadovaudamiesi gamintojo nurodymais.)

3. Aliejumi ištepkite didelio dubens vidų. Įdėkite tešlą į dubenį, vieną kartą apversdami, kad aliejuotumėte viršų. Uždenkite plastikine plėvele. Padėkite į šiltą, be skersvėjų vietą ir leiskite pakilti, kol padvigubės, apie 11/2 val.

4. Išimkite tešlą iš dubens ir švelniai išlyginkite, kad neliktų oro burbuliukų. Tešlą perpjaukite per pusę ir suformuokite du rutuliukus. Padėkite rutuliukus ant miltais pabarstyto paviršiaus ir kiekvieną uždenkite dubeniu. Leiskite pakilti 1 valandą arba kol padvigubės.

5. Orkaitės centre padėkite orkaitės lentyną. Įkaitinkite orkaitę iki 400°F. Didelę kepimo skardą sutepkite aliejumi.

6. Ant lengvai miltais pabarstyto paviršiaus kočėlu išlyginkite vieną tešlos gabalėlį į 12 colių apskritimą. Ant tešlos išdėliokite pusę sūrio griežinėlių. Ant viršaus uždėkite pusę kumpio ir saliamio. Tešlą ir įdarą sandariai susukti į cilindrą. Suspauskite siūlę, kad užsandarintumėte. Ant kepimo skardos dėkite ritinį siūle žemyn. Tešlos galus užlenkite po vyniotiniu. Pakartokite su likusiais ingredientais.

7. Aptepkite suktinukus kiaušinio trynių mišiniu. Peiliu tešlos viršuje tolygiai paskirstykite 4 negilius įpjovimus. Kepkite nuo 30 iki 35 minučių arba iki auksinės rudos spalvos.

8. Perkelkite ant grotelių, kad šiek tiek atvėstų. Patiekite šiltą, supjaustykite įstrižais griežinėliais. Suvyniokite į foliją ir laikykite kambario temperatūroje iki 24 valandų arba užšaldykite iki 1 mėnesio.

Graikinių riešutų sūrio duona

Pan Nociato

Padaro du 8 colių apvalius kepalus

Su saliame, alyvuogėmis ir buteliu raudonojo vyno ši Umbrijos duona yra puikus patiekalas. Šis variantas yra pikantiškas, bet Todyje, viename iš gražiausių regiono viduramžių miestų, turėjau saldų variantą, kuris buvo gaminamas su raudonuoju vynu, prieskoniais ir razinomis ir kepamas vynuogių lapuose.

1 vokas (2 1/2 arbatinio šaukštelio) aktyvių sausų mielių arba 2 arbatiniai šaukšteliai momentinių mielių

2 puodeliai šilto vandens (nuo 100° iki 110°F)

Apie 4 1/2 stiklinės nebalintų universalių miltų

1/2 stiklinės viso grūdo miltų

2 arbatinius šaukštelius druskos

2 šaukštai alyvuogių aliejaus

1 puodelis susmulkinto Pecorino Toscano

1 puodelis kapotų graikinių riešutų, skrudintų

1. Vidutiniame dubenyje mieles pabarstykite ant 1 puodelio vandens. Leiskite pastovėti, kol mielės taps kreminės, apie 2 minutes. Maišykite, kol mielės ištirps.

2. Dideliame dubenyje sumaišykite 4 puodelius universalių miltų, viso grūdo miltų ir druskos. Įpilkite mielių mišinio, likusį 1 puodelį šilto vandens ir aliejaus. Maišykite mediniu šaukštu, kol pasidarys minkšta tešla. Tešlą išverskite ant lengvai miltais pabarstyto paviršiaus ir minkykite iki vientisos ir elastingos masės, maždaug 10 minučių, prireikus įberdami daugiau miltų, kad susidarytų drėgna, šiek tiek lipni tešla. (Arba gaminkite tešlą galingu maišytuvu, virtuviniu kombainu arba duonos mašina, vadovaudamiesi gamintojo nurodymais.)

3. Aliejumi ištepkite didelio dubens vidų. Įdėkite tešlą, vieną kartą apversdami, kad aliejuotumėte viršų. Uždenkite plastikine plėvele ir palikite pakilti šiltoje vietoje, kol masė padvigubės, maždaug 1 1/2 valandos.

4. Didelę kepimo skardą sutepkite aliejumi. Tešlą išlyginkite, kad neliktų oro burbuliukų. Ant viršaus pabarstykite sūrį ir riešutus ir minkykite, kad pasiskirstytų ingredientai. Padalinkite tešlą į dvi dalis ir iš kiekvieno gabalo suformuokite apvalų kepalą. Ant paruoštos kepimo skardos padėkite kepalus kelių centimetrų

atstumu vienas nuo kito. Uždenkite plastikine plėvele ir leiskite pakilti, kol masė padvigubės, maždaug 1 valandą.

5.Orkaitės lentyną padėkite orkaitės centre. Įkaitinkite orkaitę iki 400°F. Naudodami vieno krašto skutimosi peiliuką arba aštrų peilį kiekvieno kepalo paviršiuje padarykite 3 arba 4 įstrižais įpjovas. Kepkite iki auksinės rudos spalvos, o kepalai skamba tuščiaviduriai bakstelėjus į dugną, maždaug 40–45 minutes.

6.Padėkite kepalus ant grotelių, kad visiškai atvėstų. Patiekite kambario temperatūroje. Suvyniokite į foliją ir laikykite kambario temperatūroje iki 24 valandų arba užšaldykite iki 1 mėnesio.

Pomidorų suktinukai

Panini al Pomodoro

Padaro 8 ritinius

Pomidorų pasta nuspalvina šiuos suktinukus gražiai oranžinės raudonos spalvos ir prideda pomidorų skonio. Man patinka naudoti dvigubos koncentracijos pomidorų pasta, parduodama tūbelėse, pavyzdžiui, dantų pasta. Jis turi gerą saldžių pomidorų skonį ir kadangi daugeliui receptų reikia tik šaukšto ar dviejų pastos, galite naudoti tiek, kiek reikia, tada uždarykite vamzdelį ir laikykite šaldytuve, kitaip nei konservuota pomidorų pasta.

Nors dažnai negalvoju apie Veneto, kai galvoju apie pomidorus, šie suktinukai ten populiarūs.

1 vokas (21/2 arbatinio šaukštelio) aktyvių sausų mielių arba 2 arbatiniai šaukšteliai momentinių mielių

1/2 puodelio plius 3/4 puodelio šilto vandens (100°–110°F)

1/4 puodelio pomidorų pastos

2 šaukštai alyvuogių aliejaus

Apie 23/4 stiklinės nebalintų universalių miltų

2 arbatinius šaukštelius druskos

1 arbatinis šaukštelis džiovintų raudonėlių, susmulkintų

1.Vidutiniame dubenyje mieles pabarstykite 1/2 puodelio vandens. Leiskite pastovėti, kol mielės taps kreminės, apie 2 minutes. Maišykite, kol mielės ištirps. Supilkite pomidorų pastą ir likusį vandenį ir maišykite iki vientisos masės. Įmaišykite alyvuogių aliejų.

2.Dideliame dubenyje sumaišykite miltus, druską ir raudonėlį.

3.Supilkite skystį į sausus ingredientus. Mediniu šaukštu maišykite, kol pasidarys minkšta tešla. Tešlą išverskite ant lengvai miltais pabarstyto paviršiaus ir minkykite iki vientisos ir elastingos masės, maždaug 10 minučių, prireikus įberdami daugiau miltų, kad susidarytų drėgna, šiek tiek lipni tešla. (Arba gaminkite tešlą galingu maišytuvu, virtuviniu kombainu arba duonos mašina, vadovaudamiesi gamintojo nurodymais.)

4.Aliejumi ištepkite didelio dubens vidų. Įdėkite tešlą, vieną kartą apversdami, kad aliejuotumėte viršų. Uždenkite plastikine plėvele ir palikite pakilti 11/2 valandos arba kol padvigubės.

5.Didelę kepimo skardą sutepkite aliejumi. Tešlą išlyginkite, kad neliktų oro burbuliukų. Tešlą supjaustykite į 8 lygias dalis.

Kiekvieną gabalėlį suformuokite į rutulį. Išdėliokite rutuliukus kelių colių atstumu vienas nuo kito ant kepimo skardos. Uždenkite plastikine plėvele ir leiskite pakilti, kol padvigubės, maždaug 1 valandą.

6.Padėkite lentyną orkaitės centre. Įkaitinkite orkaitę iki 400°F. Kepkite, kol suktinukai taps auksinės rudos spalvos, o bakstelėjus į dugną skambės tuščiaviduriai, apie 20 minučių.

7.Stumkite suktinukus ant grotelių, kad visiškai atvėstų. Patiekite kambario temperatūroje. Laikyti suvyniotą į foliją iki 24 valandų arba užšaldyti iki 1 mėnesio.

Šalis Brioche

Brioche Rustica

Padaro 8 porcijas

Sviesto ir kiaušinių turtinga brioche tešla, kurią tikriausiai pristatė prancūzų kulinarai Neapolyje apie 1700 m., yra pagardinta kapotu prosciutto ir sūriu. Ši skani duona yra puikus priešpastalas arba patiekiamas su salotomis prieš arba po valgio. Atkreipkite dėmesį, kad ši tešla plakama iki vientisos masės, o ne minkoma.

1/2 puodelio šilto pieno (100–110 °F)

1 vokas (21/2 arbatinio šaukštelio) aktyvių sausų mielių arba 2 arbatiniai šaukšteliai momentinių mielių

4 šaukštai (1/2 lazdelės) nesūdyto sviesto, kambario temperatūros

1 valgomasis šaukštas cukraus

1 arbatinis šaukštelis druskos

2 dideli kiaušiniai, kambario temperatūros

Apie 21/2 stiklinės nebalintų universalių miltų

1/2 puodelio susmulkintos šviežios mocarelos, nusausinkite, jei drėgna

½ puodelio susmulkinto provolono

½ puodelio kapotų prosciutto

1. Supilkite pieną į nedidelį dubenį ir pabarstykite mieles. Palikite, kol mielės taps kreminės, apie 2 minutes. Maišykite, kol mielės ištirps.

2. Dideliame sunkaus maišytuvo dubenyje arba virtuvės kombainu išplakite sviestą, cukrų ir druską, kol susimaišys. Įmuškite kiaušinius. Mediniu šaukštu įmaišykite pieno mišinį. Suberkite miltus ir plakite iki vientisos masės. Tešla bus lipni.

3. Ant lengvai miltais pabarstyto paviršiaus iš tešlos suformuokite rutulį. Uždenkite apverstu dubeniu ir palikite 30 minučių.

4. Ištepkite sviestu ir pamilkite 10 colių vamzdelį arba Bundt keptuvę.

5. Lengvai pabarstykite kočėlu. Tešlą iškočiokite iki 22 × 8 colių stačiakampio. Išbarstykite sūrį ir mėsą ant tešlos, palikdami 1 colio kraštelį ilgosiose pusėse. Pradėdami nuo vienos ilgosios pusės, sandariai susukite tešlą, kad susidarytų cilindras. Suspauskite siūlę, kad užsandarintumėte. Į paruoštą skardą dėkite vyniotinį siūle žemyn. Suspauskite galus, kad užsandarintumėte. Uždenkite keptuvę plastikine plėvele.

Leiskite tešlai pakilti šiltoje, be skersvėjų vietoje, kol padvigubės, maždaug 1 1/2 val.

6. Orkaitės lentyną padėkite orkaitės centre. Įkaitinkite orkaitę iki 350°F. Kepkite, kol kepalai taps auksinės rudos spalvos ir taps tuščiaviduriai, kai bakstelėsite į dugną, apie 35 minutes.

7. Padėkite kepalus ant grotelių, kad visiškai atvėstų. Patiekite kambario temperatūroje. Suvyniokite į foliją ir laikykite kambario temperatūroje iki 24 valandų arba užšaldykite iki 1 mėnesio.

Sardinijos muzika-popierinė duona

Carta da Musica

Padaro nuo 8 iki 12 porcijų

Dideli popierinio plonumo duonos lakštai Sardinijoje vadinami „muzikiniu popieriumi", nes vienu metu duona, kaip ir popierius, buvo suvyniota, kad būtų lengviau laikyti. Sardiniečiai lakštus supjausto į mažesnius gabalėlius, kad galėtų valgyti su maistu arba kaip užkandį su minkštu ožkos ar avies sūriu, mirkyti sriuboje arba sluoksniuoti su padažais, pavyzdžiui, makaronais. Manų kruopų miltų galima rasti daugelyje specializuotų parduotuvių arba tokiuose kataloguose kaip King Arthur Flour Baker's Catalog (žr.Šaltiniai).

Apie 1 1/4 stiklinės nebalintų universalių arba duonos miltų

1 1/4 stiklinės smulkių manų kruopų miltų

1 arbatinis šaukštelis druskos

1 puodelis šilto vandens

1. Dideliame dubenyje sumaišykite universalius arba duonos miltus, manų kruopų miltus ir druską. Mediniu šaukštu įmaišykite vandenį, kol mišinys pasidarys minkšta tešla.

2. Tešlą nubraukite ant lengvai miltais pabarstyto paviršiaus. Minkykite tešlą, jei reikia, įpilkite miltų, kad susidarytų standi, lygi ir elastinga tešla, apie 5 minutes. Iš tešlos suformuokite rutulį. Uždenkite apverstu dubeniu ir palikite 1 valandą pailsėti kambario temperatūroje.

3. Padėkite lentyną orkaitės centre. Įkaitinkite orkaitę iki 450 ° F.

4. Padalinkite tešlą į šešias dalis. Kočėlu ant lengvai miltais pabarstyto paviršiaus iškočiokite vieną tešlos gabalėlį į 12 colių apskritimą, pakankamai ploną, kad galėtumėte matyti ranką, kai tešla bus pakelta prieš šviesą. Uždenkite tešlą ant kočėlo, kad ją pakeltumėte. Tešlą dėkite ant neteptos kepimo skardos, atsargiai, kad ištiesintumėte visas raukšles.

5. Kepkite apie 2 minutes arba tol, kol duonos viršus sutvirtės. Vieną ranką apsaugokite puodo laikikliu, o kitoje rankoje laikydami didelę metalinę mentelę apverskite tešlą. Kepkite dar apie 2 minutes arba kol švelniai apskrus.

6. Perkelkite duoną ant grotelių, kad visiškai atvėstų. Pakartokite su likusia tešla.

7. Norėdami patiekti, kiekvieną lakštą padalinkite į 2 arba 4 dalis. Likučius laikykite sausoje vietoje sandariai uždarytame plastikiniame maišelyje.

Variacija: Norėdami patiekti kaip užkandį, pašildykite duoną ant kepimo skardos žemoje orkaitėje 5 minutes arba tol, kol sušils.

Lėkštėje sudėkite gabalėlius, kiekvieną sluoksnį apšlakstydami aukščiausios kokybės pirmojo spaudimo alyvuogių aliejumi ir stambia druska arba kapotu šviežiu rozmarinu. Patiekite šiltą.

Raudonųjų svogūnų paplotėlis

Focaccia alle Cipolle Rosso

Padaro nuo 8 iki 10 porcijų

Šios focaccia tešla yra labai drėgna ir lipni, todėl ji visiškai sumaišoma dubenyje be jokio minkymo. Maišykite rankomis su mediniu šaukštu arba naudokite galingą elektrinį plaktuvą, virtuvinį kombainą ar duonos mašiną. Ilgas, lėtas kildinimas suteikia šiai duonai skanų skonį ir lengvą pyrago tekstūrą. Nors dauguma fokacijų skaniausios šiltos, ši yra tokia drėgna, kad išsilaiko net kambario temperatūroje.

1 vokas (2 1/2 arbatinio šaukštelio) aktyvių sausų mielių arba momentinių mielių

1/2 puodelio šilto vandens (100–110 °F)

1 1/2 stiklinės pieno, kambario temperatūros

6 šaukštai alyvuogių aliejaus

Apie 5 stiklines nebalintų universalių miltų

2 šaukštai smulkiai pjaustytų šviežių rozmarinų

2 arbatinius šaukštelius druskos

½ stiklinės stambiai supjaustyto raudonojo svogūno

1. Vidutiniame dubenyje šiltu vandeniu pabarstykite mieles. Leiskite pastovėti, kol mielės taps kreminės, apie 2 minutes. Maišykite, kol mielės ištirps. Įpilkite pieno ir 4 šaukštus aliejaus ir išmaišykite, kad susimaišytų.

2. Dideliame sunkaus maišytuvo dubenyje arba maisto kombaine sumaišykite miltus, rozmariną ir druską. Įpilkite mielių mišinio ir maišykite, kol susidarys minkšta tešla. Minkykite iki vientisos ir elastingos masės, maždaug 3–5 minutes. Tešla bus lipni.

3. Sutepkite didelį dubenį aliejumi. Supilkite tešlą į dubenį ir uždenkite plastikine plėvele. Leiskite pakilti šiltoje, be skersvėjų vietoje, kol padvigubės, apie 1 1/2 valandos.

4. 13 × 9 × 2 colių kepimo skardą ištepkite aliejumi. Tešlą braukite į skardą, tolygiai paskirstykite. Uždenkite plastikine plėvele ir palikite pakilti 1 valandą arba tol, kol masė padvigubės.

5. Orkaitės lentyną padėkite orkaitės centre. Įkaitinkite orkaitę iki 450 ° F.

6. Pirštų galiukais tvirtai įspauskite į tešlą, kad susidarytų maždaug 1 colio atstumu vienas nuo kito ir 1/2 colio gylio įdubimai. Paviršių apšlakstykite likusiais 2 šaukštais alyvuogių aliejaus ir

ant viršaus išbarstykite svogūnų griežinėlius. Pabarstykite stambia druska. Kepkite iki traškios ir auksinės rudos spalvos, maždaug 25–30 minučių.

7.Padėkite focaccia ant grotelių, kad atvėstų. Supjaustykite kvadratėliais. Patiekite šiltą arba kambario temperatūros.

Laikyti kambario temperatūroje suvyniotą į foliją iki 24 val.

Baltojo vyno paplotėlis

Focaccia al Vino

Padaro nuo 8 iki 10 porcijų

Baltasis vynas suteikia šiai Genujos stiliaus focaccia unikalų skonį. Paprastai jis yra papildytas stambios jūros druskos kristalais, bet jei norite, galite pakeisti šviežią šalaviją arba rozmariną. Genujoje jis valgomas kiekvieno valgio metu, įskaitant pusryčius, o moksleiviai kepykloje renkasi riekelę ryto užkandžiui. Tešla šiai focaccia yra labai drėgna ir lipni, todėl geriausia ją gaminti galingu maišytuvu arba virtuviniu kombainu.

Ši focaccia gaminama su užkandžiu – mielių, miltų ir vandens deriniu, kuris daugeliui duonų suteikia papildomo skonio ir geros tekstūros. Užkandį galima pagaminti likus 1 valandai arba 24 valandoms iki duonos gaminimo, todėl atitinkamai planuokite.

1 vokas (2 1/2 arbatinio šaukštelio) aktyvių sausų mielių arba 2 arbatiniai šaukšteliai momentinių mielių

1 puodelis šilto vandens (nuo 100° iki 110°F)

Apie 4 stiklines nebalintų universalių miltų

2 arbatinius šaukštelius druskos

½ puodelio sauso baltojo vyno

¼ stiklinės alyvuogių aliejaus

Užpilas

3 šaukštai aukščiausios kokybės pirmojo spaudimo alyvuogių aliejaus

1 arbatinis šaukštelis rupios jūros druskos

1. Norėdami paruošti užkandį, mieles pabarstykite ant vandens. Leiskite pastovėti, kol mielės taps kreminės, apie 2 minutes. Maišykite, kol mielės ištirps. Išsukite 1 puodelį miltų iki vientisos masės. Uždenkite plastikine plėvele ir palikite kambario temperatūroje apie 1 valandą arba iki 24 valandų. (Jei oras karštas, padėkite starterį į šaldytuvą. Išimkite maždaug 1 valandą prieš gamindami tešlą.)

2. Stipriame maišytuve arba virtuvės kombainu sumaišykite 3 puodelius miltų ir druskos. Supilkite starterį, vyną ir aliejų. Tešlą maišykite iki vientisos ir elastingos masės, maždaug 3–5 minutes. Jis bus labai lipnus, bet nedėkite daugiau miltų.

3.Aliejumi ištepkite didelio dubens vidų. Sudėkite tešlą. Uždenkite plastikine plėvele ir palikite pakilti šiltoje, be skersvėjų vietoje, kol masė padvigubės, maždaug 11/2 valandos.

4.Aliejumi ištepkite didelę kepimo skardą arba 15 × 10 × 1 colio želė suktinuką. Tešlą išlyginti. Įdėkite jį į keptuvę, paglostykite ir ištieskite rankomis, kad tilptų. Uždenkite plastikine plėvele ir leiskite pakilti, kol padvigubės, maždaug 1 valandą.

5.Padėkite lentyną orkaitės centre. Įkaitinkite orkaitę iki 425 ° F. Pirštų galiukais tvirtai paspauskite tešlą, kad visame paviršiuje susidarytų įdubimai, kurių vienas nuo kito būtų maždaug 1 colio. Apšlakstykite 3 šaukštais aliejaus. Pabarstykite jūros druska. Kepkite nuo 25 iki 30 minučių arba kol taps traškūs ir auksinės rudos spalvos.

6.Padėkite focaccia ant grotelių, kad šiek tiek atvėstų. Supjaustykite kvadratėliais arba stačiakampiais ir patiekite šiltus.

Saulėje džiovintų pomidorų paplotėlis

Focaccia di Pomodori Secchi

Padaro nuo 8 iki 10 porcijų

Drėgnus, marinuotus saulėje džiovintus pomidorus galima naudoti šiai laisvos formos focaccia. Jei turite tik džiovintų pomidorų, kurie nėra paruošti, tiesiog pamerkite juos į šiltą vandenį kelioms minutėms, kol suminkštės.

1 arbatinis šaukštelis aktyvių sausų mielių

1 puodelis šilto vandens (nuo 100° iki 110°F)

Apie 3 stiklines nebalintų universalių miltų

1 arbatinis šaukštelis druskos

4 šaukštai aukščiausios kokybės pirmojo spaudimo alyvuogių aliejaus

8–10 gabalėlių marinuotų saulėje džiovintų pomidorų, nusausintų ir supjaustytų ketvirčiais

Žiupsnelis džiovintų raudonėlių, susmulkintų

1. Ant vandens pabarstykite mieles. Leiskite pastovėti, kol mielės taps kreminės, apie 2 minutes. Maišykite, kol mielės ištirps. Įpilkite 2 šaukštus aliejaus.

2. Dideliame dubenyje sumaišykite miltus ir druską. Supilkite mielių mišinį ir mediniu šaukštu maišykite, kol pasidarys minkšta tešla.

3. Išverskite tešlą ant lengvai miltais pabarstyto paviršiaus. Minkykite iki vientisos ir elastingos masės, apie 10 minučių, prireikus įberkite daugiau miltų, kad susidarytų drėgna, šiek tiek lipni tešla. (Arba tešlą gaminkite galingu maišytuvu, virtuviniu kombainu arba duonos mašina pagal gamintojo nurodymus.) Iš tešlos suformuokite rutulį.

4. Aliejumi ištepkite didelio dubens vidų. Sudėkite tešlą, vieną kartą apversdami, kad aliejuotumėte viršų. Uždenkite plastikine plėvele ir palikite pakilti šiltoje, be skersvėjų vietoje, kol masė padvigubės, maždaug 11/2 valandos.

5. Sutepkite aliejumi didelę kepimo skardą arba 12 colių apvalią picos formą. Tešlą dėkite ant keptuvės. Sutepkite rankas aliejumi ir išlyginkite tešlą iki 12 colių apskritimo. Uždenkite plastikine plėvele ir leiskite pakilti, kol padvigubės, maždaug 45 minutes.

6. Orkaitės lentyną padėkite orkaitės centre. Įkaitinkite orkaitę iki 450 ° F. Pirštų galiukais į tešlą padarykite įdubimus maždaug 1 colio atstumu vienas nuo kito. Į kiekvieną duobutę įspauskite po truputį pomidorų. Apšlakstykite likusiais 2 šaukštais alyvuogių aliejaus, paskirstykite jį pirštais. Pabarstykite raudonėliu. Kepkite 25 minutes arba iki auksinės rudos spalvos.

7. Padėkite focaccia ant pjaustymo lentos ir supjaustykite kvadratais. Patiekite šiltą.

Romos bulvių paplotėlis

Pica di Patate

Padaro nuo 8 iki 10 porcijų

Nors romėnai valgo daug picų su įprastais priedais, pirmoji jų meilė yra pica bianca, „baltoji pica", ilga stačiakampė paplotėlis, panašus į Genujos stiliaus focaccia, tik traškesnis ir staigesnis. Pica bianca paprastai dedama tik su druska ir alyvuogių aliejumi, nors šis variantas su plonais griežinėliais traškiomis bulvėmis taip pat yra populiarus.

1 vokas (2 1/2 arbatinio šaukštelio) aktyvių sausų mielių arba 2 arbatiniai šaukšteliai momentinių mielių

1 puodelis šilto vandens (nuo 100° iki 110°F)

Apie 3 stiklines nebalintų universalių miltų

1 arbatinis šaukštelis druskos ir dar daugiau bulvėms

6 šaukštai alyvuogių aliejaus

1 svaras geltonos minkštimo bulvių, tokių kaip Jukono auksinė, nulupta ir labai plonais griežinėliais

Šviežiai malti juodieji pipirai

1. Ant vandens pabarstykite mieles. Leiskite pastovėti, kol mielės taps kreminės, apie 2 minutes. Maišykite, kol mielės ištirps.

2. Dideliame dubenyje sumaišykite 3 puodelius miltų ir 1 arbatinį šaukštelį druskos. Įpilkite mielių mišinio ir 2 šaukštus aliejaus. Mediniu šaukštu maišykite, kol pasidarys minkšta tešla. Tešlą išverskite ant lengvai miltais pabarstyto paviršiaus ir minkykite iki vientisos ir elastingos masės, apie 10 minučių, prireikus įberdami daugiau miltų, kad gautumėte drėgną, bet nelipnią tešlą. (Arba gaminkite tešlą galingu maišytuvu, virtuviniu kombainu arba duonos mašina, vadovaudamiesi gamintojo nurodymais.)

3. Aliejumi ištepkite didelio dubens vidų. Sudėkite tešlą ir vieną kartą pasukite, kad aliejuotumėte viršų. Uždenkite plastikine plėvele. Leiskite pakilti šiltoje, be skersvėjų vietoje, kol masė padidės dvigubai, maždaug 1 1/2 valandos.

4. 15 × 10 × 1 colio keptuvę sutepkite aliejumi. Švelniai išlyginkite tešlą ir sudėkite į keptuvę. Ištempkite ir paglostykite tešlą, kad tilptų į skardą. Uždenkite plastikine plėvele ir leiskite pakilti, kol padvigubės, maždaug 45 minutes.

5. Padėkite lentyną orkaitės centre. Įkaitinkite orkaitę iki 425 ° F. Dubenyje supilkite bulves su likusiais 4 šaukštais alyvuogių

aliejaus ir pagal skonį druskos bei pipirų. Išdėliokite riekeles ant tešlos, šiek tiek perdengdami.

6. Kepti 30 minučių. Padidinkite šilumą iki 450 ° F. Kepkite dar 10 minučių arba tol, kol bulvės suminkštės ir paruduos. Padėkite picą ant lentos ir supjaustykite kvadratėliais. Patiekite karštą.

Keptuvės duonos iš Emilijos-Romanijos

Piadine

Padaro 8 duonos

Piadina yra apvali paplotėlis, kepamas ant grotelių ar akmens, populiarus Emilijoje-Romanijoje. Paplūdimio miesteliuose palei Adrijos jūros pakrantę vasarą gatvių kampuose pasirodo spalvingos dryžuotos drobės. Maždaug pietų metu kabinos atidaromos verslui, o uniformomis vilkintys operatoriai pagal užsakymą ant plokščių grotelių volioja ir kepa piadine. Maždaug devynių colių skersmens karštas piadinas perlenkiamas per pusę, tada įpilamas sūriu, griežinėliais pjaustytu prosciutto, saliamiu arba troškintais žalumynais (pvz.Escarole su česnaku) ir valgomi kaip sumuštiniai.

Nors piadinas dažniausiai gaminamas su taukais, aš keičiu alyvuogių aliejų, nes šviežių taukų ne visada galima gauti. Norėdami užkąsti ar užkandį, piadiną supjaustykite griežinėliais.

3 1/2 stiklinės nebalintų universalių miltų

1 arbatinis šaukštelis druskos

1 arbatinis šaukštelis kepimo miltelių

1 puodelis šilto vandens

¼ puodelio šviežių taukų, ištirpintų ir atvėsusių, arba alyvuogių aliejaus

Virti žalumynai, supjaustyta mėsa arba sūriai

1. Dideliame dubenyje sumaišykite miltus, druską ir kepimo miltelius. Įpilkite vandens ir lašinių arba aliejaus. Mediniu šaukštu maišykite, kol pasidarys minkšta tešla. Tešlą braukite ant lengvai miltais pabarstyto paviršiaus ir trumpai minkykite tešlą iki vientisos masės. Iš tešlos suformuokite rutulį. Uždenkite apverstu dubeniu ir palikite pailsėti nuo 30 minučių iki 1 valandos.

2. Tešlą supjaustykite į 8 lygias dalis. Palikdami uždengtus likusius gabalus, vieną tešlos gabalėlį iškočiokite į 8 colių apskritimą. Pakartokite su likusia tešla, tarp jų sudėkite apskritimus su vaško popieriaus gabalėliu.

3. Įkaitinkite orkaitę iki 250°F. Ant vidutinės ugnies įkaitinkite didelę nelipnią keptuvę arba blynų groteles, kol ji labai įkais, o vandens lašelis sušnypš ir greitai išnyks, kai paliečia paviršių. Ant paviršiaus uždėkite tešlos apskritimą ir kepkite 30–60 sekundžių arba tol, kol piadina pradės tvirtėti ir taps auksinės spalvos. Apverskite tešlą ir kepkite dar 30–60 sekundžių arba kol gražiai apskrus kita pusė.

4. Piadiną suvyniokite į foliją ir laikykite šiltai orkaitėje, tuo pačiu kepdami likusius tešlos apskritimus.

5. Norėdami patiekti, į vieną piadinos pusę įdėkite žalumynų arba prosciutto, saliamio ar sūrio griežinėlių. Sulenkite piadina ant įdaro ir valgykite kaip sumuštinį.

Duonos lazdelės

Grissini

Padaro apie 6 dešimtis duonos lazdelių

Makaronų aparatas su fettuccine pjaustytuvu taip pat gali gaminti ilgas plonas duonos lazdeles, vadinamas grissini. (Taip pat pateikiu instrukcijas, jei norite arba reikia pjaustyti duonos lazdelių tešlą rankomis.) Keiskite skonį į tešlą įberdami maltų juodųjų pipirų arba džiovintų žolelių, pavyzdžiui, smulkintų rozmarinų, čiobrelių ar raudonėlių.

1 vokas (2 1/2 arbatinio šaukštelio) aktyvių sausų mielių arba 2 arbatiniai šaukšteliai momentinių mielių

1 puodelis šilto vandens (nuo 100° iki 110°F)

2 šaukštai aukščiausios kokybės pirmojo spaudimo alyvuogių aliejaus

Apie 2 1/2 stiklinės nebalintų universalių miltų arba duonos miltų

1 arbatinis šaukštelis druskos

2 šaukštai geltonųjų kukurūzų miltų

1.Dideliame dubenyje ant vandens pabarstykite mieles. Leiskite pastovėti, kol mielės taps kreminės, apie 2 minutes. Maišykite, kol mielės ištirps.

2.Įmaišykite alyvuogių aliejų. Įpilkite 2 1/2 puodelio miltų ir druskos. Maišykite, kol susidarys minkšta tešla.

3.Ant lengvai miltais pabarstyto paviršiaus minkykite tešlą iki standžios ir elastingos maždaug 10 minučių, prireikus įberkite miltų, kad susidarytų nelipni tešla. (Arba gaminkite tešlą galingu maišytuvu, virtuviniu kombainu arba duonos mašina, vadovaudamiesi gamintojo nurodymais.)

4.Aliejumi ištepkite didelio dubens vidų. Įdėkite tešlą į dubenį, vieną kartą apversdami, kad viršus aliejuotumėte. Uždenkite plastikine plėvele ir palikite pakilti šiltoje, be skersvėjų vietoje, kol masė padvigubės, maždaug 1 1/2 valandos.

5.Orkaitės centre padėkite du groteles. Įkaitinkite orkaitę iki 350°F. Dvi dideles kepimo skardas pabarstykite kukurūzų miltais.

6.Tešlą trumpai minkykite, kad neliktų oro burbuliukų. Padalinkite tešlą į 6 dalis. Vieną tešlos gabalėlį išlyginkite į 5 × 4 × 1/4 colio ovalą. Pabarstykite papildomai miltais, kad nebūtų lipni. Likusią tešlą laikykite uždengtą.

7.Įkiškite trumpą tešlos galą į fettuccine pjaustyklę ant makaronų aparato ir supjaustykite tešlą 1/4 colio juostelėmis. Norėdami pjaustyti tešlą rankomis, išlyginkite ją kočėlu ant pjaustymo lentos. Supjaustykite 1/4 colio juostelėmis dideliu sunkiu peiliu, pamirkytu miltuose.

8.Išdėstykite juosteles 1/2 colio atstumu viena nuo kitos ant vienos iš paruoštų kepimo skardų. Pakartokite su likusia tešla. Kepkite 20–25 minutes arba kol lengvai paruduos, sukdami keptuves maždaug iki pusės.

9.Atvėsinkite keptuvėse ant grotelių. Laikyti hermetiškame inde iki 1 mėnesio.

Pankolių žiedai

Taralli al Finocchio

Padaro 3 dešimtis žiedų

Taralli yra traškios, žiedo formos duonos lazdelės. Juos galima gardinti tiesiog alyvuogių aliejumi arba grūstais raudonaisiais pipirais, juodaisiais pipirais, raudonėliais ar kitomis žolelėmis, jie populiarūs visoje Pietų Italijoje. Taip pat yra saldūs taralli, kuriuos galima užgerti vynu ar kava. Taralli gali būti nikelio arba kelių colių dydžio, bet visada kieti ir traškūs. Mėgstu juos patiekti su vynu ir sūriu.

1 vokas (2 1/2 šaukštai) aktyvių sausų mielių arba 2 arbatiniai šaukšteliai momentinių mielių

1/4 puodelio šilto vandens (100–110 °F)

1 puodelis nebalintų universalių miltų

1 stiklinės manų kruopų miltų

1 valgomasis šaukštas pankolio sėklų

1 arbatinis šaukštelis druskos

1/3 puodelio sauso baltojo vyno

¼ stiklinės alyvuogių aliejaus

1. Į matavimo puodelį ant vandens pabarstykite mieles. Leiskite pastovėti, kol mielės taps kreminės, apie 2 minutes. Maišykite, kol mielės ištirps.

2. Dideliame dubenyje sumaišykite du miltus, pankolį ir druską. Įpilkite mielių mišinio, vyno ir aliejaus. Maišykite, kol susidarys minkšta tešla, maždaug 2 minutes. Tešlą nubraukite ant lengvai miltais pabarstyto paviršiaus ir minkykite iki vientisos ir elastingos masės, apie 10 minučių. Iš tešlos suformuokite rutulį.

3. Aliejumi ištepkite didelio dubens vidų. Įdėkite tešlą į dubenį, vieną kartą apversdami, kad viršus aliejuotumėte. Uždenkite ir leiskite pakilti šiltoje, be skersvėjų vietoje, kol masė padvigubės, maždaug 1 valandą.

4. Padalinkite tešlą į trečdalius, tada kiekvieną trečdalį per pusę, kad gautumėte 6 lygius gabalus. Likusią dalį uždengę apverstu dubeniu, vieną gabalą supjaustykite į 6 lygias dalis. Iškočiokite gabalus į 4 colių ilgio gabalus. Kiekvieną suformuokite į žiedą, suspauskite galus, kad užsandarintumėte. Pakartokite su likusia tešla.

5. Padėkite kelis virtuvės rankšluosčius be pūkelių. Didelę keptuvę iki pusės pripildykite vandens. Vandenį užvirinkite. Po kelis

sudėkite tešlos žiedus. (Neužgrūskite jų.) Virkite 1 minutę arba tol, kol žiedeliai iškils į paviršių. Išimkite žiedus kiaurasamčiu ir padėkite ant virtuvinių rankšluosčių, kad nuvarvėtų. Pakartokite su likusia tešla.

6. Orkaitės centre padėkite du groteles. Įkaitinkite orkaitę iki 350°F. Išdėliokite tešlos žiedus colio atstumu vienas nuo kito ant 2 didelių neteptų kepimo skardų. Kepkite iki auksinės rudos spalvos, maždaug 45 minutes, sukdami keptuves maždaug įpusėjus. Išjunkite orkaitę ir šiek tiek atidarykite dureles. Leiskite žiedams atvėsti orkaitėje 10 minučių.

7. Perkelkite žiedus ant grotelių, kad atvėstų. Laikyti hermetiškame inde iki 1 mėnesio.

Migdolų ir juodųjų pipirų žiedai

Taralli con le Mandorle

Padaro 32 žiedus

Kai važiuoju į Neapolį, viena iš pirmųjų mano stotelių yra kepyklėlė, kur nusipirksiu didelį maišelį šių traškių duonos žiedų. Jie yra kvapnesni nei klinģerai ar kiti užkandžiai ir puikiai tinka skanauti prieš valgį arba su juo. Neapoliečiai juos gamina su kiaulienos taukais, kurie suteikia jiems nuostabų skonį ir tirpsta burnoje tekstūrą, tačiau puikiai tinka ir su alyvuogių aliejumi. Jie gerai laikosi ir yra malonu turėti po ranka kompanijoje.

1 vokas (21/2 šaukštai) aktyvių sausų mielių arba 2 arbatiniai šaukšteliai momentinių mielių

1 puodelis šilto vandens (nuo 100° iki 110°F)

1/2 stiklinės kiaulienos taukų, ištirpintų ir atvėsintų, arba alyvuogių aliejaus

31/2 stiklinės nebalintų universalių miltų

2 arbatinius šaukštelius druskos

2 arbatiniai šaukšteliai šviežiai maltų juodųjų pipirų

1 puodelis migdolų, smulkiai pjaustytų

1. Ant vandens pabarstykite mieles. Leiskite pastovėti, kol mielės taps kreminės, apie 2 minutes. Maišykite, kol mielės ištirps.

2. Dideliame dubenyje sumaišykite miltus, druską ir pipirus. Įmaišykite mielių mišinį ir taukus. Maišykite, kol susidarys minkšta tešla. Tešlą išverskite ant lengvai miltais pabarstyto paviršiaus ir minkykite iki vientisos ir elastingos masės, maždaug 10 minučių. Įmaišykite migdolus.

3. Iš tešlos suformuokite rutulį. Tešlą uždenkite apverstu dubeniu ir palikite šiltoje vietoje, kol padvigubės, apie 1 val.

4. Įdėkite 2 groteles orkaitės centre. Įkaitinkite orkaitę iki 350°F. Paspauskite tešlą žemyn, kad neliktų oro burbuliukų. Tešlą perpjaukite per pusę, tada kiekvieną pusę vėl perpjaukite per pusę, tada kiekvieną ketvirtį per pusę, kad gautumėte 8 lygius gabalus. Likusią tešlą uždengę 1 gabalėlį padalinkite į 4 lygias dalis. Kiekvieną gabalą susukite į 6 colių virvę. Pasukite kiekvieną virvę 3 kartus, tada suformuokite ją į žiedą, suimdami galus, kad užsandarintumėte. Padėkite žiedus 1 colio atstumu vienas nuo kito ant dviejų nepteptų kepimo skardų. Pakartokite su likusia tešla.

5. Kepkite žiedus 1 valandą arba tol, kol paruduos ir taps traškūs, sukdami keptuves maždaug įpusėjus. Išjunkite ugnį ir 1 valandą leiskite žiedams atvėsti ir išdžiūti orkaitėje.

6. Išimkite iš orkaitės ir perkelkite ant grotelių, kad visiškai atvėstų. Laikyti hermetiškame inde iki 1 mėnesio.

Namų stiliaus pica

Pica di Casa

Padaro nuo 6 iki 8 porcijų

Jei lankysitės namuose pietų Italijoje, jums bus patiekta tokia pica. Jis gerokai skiriasi nuo apvalaus, picerijos tipo pyrago.

Naminė pica yra maždaug 3/4 colio storio, kai kepama didelėje keptuvėje. Kadangi keptuvė ištepta aliejumi, dugnas tampa traškus. Jis kepamas tik lengvai apibarsčius tarkuotu sūriu, o ne mocarela, kuri taptų per daug kramtoma, jei pica būtų patiekta kambario temperatūroje, kaip dažnai būna. Tokio tipo pica gerai atlaikys kaitinant.

Išbandykite šį pyragą su dešros ar grybų padažu ir įdėkite mocarelos ar kito tirpstančio sūrio, jei planuojate valgyti vos iškepus.

Tešla

1 vokas (2 1/2 šaukštai) aktyvių sausų mielių arba 2 arbatiniai šaukšteliai momentinių mielių

1 1/4 puodelių šilto vandens (nuo 100° iki 110°F)

Apie 3 1/2 stiklinės nebalintų universalių miltų

2 arbatinius šaukštelius druskos

2 šaukštai alyvuogių aliejaus

Užpilas

1 receptas (apie 3 puodeliai)Picaiola padažas

½ puodelio šviežiai tarkuoto Pecorino Romano

Alyvuogių aliejus

1.Paruoškite tešlą: mieles pabarstykite ant vandens. Leiskite pastovėti, kol mielės taps kreminės, apie 2 minutes. Maišykite, kol mielės ištirps.

2.Dideliame dubenyje sumaišykite 31/2 puodelio miltų ir druskos. Įpilkite mielių mišinio ir alyvuogių aliejaus. Maišykite mediniu šaukštu, kol pasidarys minkšta tešla. Tešlą išverskite ant lengvai miltais pabarstyto paviršiaus ir minkykite iki vientisos ir elastingos masės, jei reikia, įberkite daugiau miltų, kad susidarytų drėgna, bet nelipni tešla, maždaug 10 minučių. (Arba gaminkite tešlą galingu maišytuvu, virtuviniu kombainu arba duonos mašina, vadovaudamiesi gamintojo nurodymais).

3.Lengvai aptepkite didelį dubenį aliejumi. Įdėkite tešlą į dubenį, vieną kartą apversdami, kad viršus aliejuotumėte. Uždenkite plastikine plėvele. Padėkite į šiltą vietą be skersvėjų ir leiskite pakilti, kol padvigubės, maždaug 1 1/2 valandos.

4. Orkaitės centre padėkite lentyną. Aliejumi ištepkite 15 × 10 × 1 colio želė suktinuką. Švelniai išlyginkite tešlą. Tešlą dėkite į keptuvės vidurį ir ištempkite bei paglostykite, kad tilptų. Uždenkite plastikine plėvele ir leiskite pakilti apie 45 minutes arba tol, kol išsipūs ir beveik padvigubės.

5. Kol tešla kyla keptuvėje, paruoškite padažą. Įkaitinkite orkaitę iki 450 ° F. Pirštų galiukais tvirtai paspauskite tešlą, kad visame paviršiuje 1 colio intervalais susidarytų įdubimai. Tešlą užtepkite padažu, palikdami 1/2 colio kraštelį. Kepkite 20 minučių.

6. Pabarstykite sūriu. Apšlakstykite aliejumi. Grąžinkite picą į orkaitę ir kepkite 5 minutes arba tol, kol sūris išsilydys ir pluta paruduos. Supjaustykite kvadratėliais ir patiekite karštą arba kambario temperatūros.

Neapolietiško stiliaus picos tešla

Pakanka keturioms 9 colių picoms

Neapolyje, kur picos gaminimas yra meno rūšis, ideali picos pluta yra kramtomoji ir tik šiek tiek traški, pakankamai lanksti, kad ją būtų galima sulankstyti, neskeliant plutai. Neapolietiškos picos nėra nei storos ir pyragiškos, nei plonos ir traškios.

Norint pasiekti tinkamą balansą su Jungtinėse Valstijose parduodamais miltais, reikia derinti minkštus, mažai glitimo turinčius pyragaičius ir kietesnius, daugiau glitimo turinčius universalius miltus. Norėdami gauti traškesnę plutą, padidinkite universalių miltų kiekį ir proporcingai sumažinkite pyrago miltų kiekį. Dėl duonos miltų, kuriuose yra labai daug glitimo, picos pluta per kieta.

Picos tešlą galima maišyti ir minkyti galingu elektriniu plaktuvu ar virtuviniu kombainu ar net duonos mašinoje. Norėdami gauti tikros picų parduotuvės tekstūros, pyragus kepkite tiesiai ant kepimo akmens arba neglazūruotų karjero plytelių, kurias galite įsigyti virtuvės reikmenų parduotuvėse.

Šio recepto užteks keturioms picoms. Neapolyje kiekvienas gauna savo picą, bet kadangi namų orkaitėje sunku vienu metu iškepti daugiau nei vieną pyragą, patiekimui kiekvieną pyragą supjaustau griežinėliais.

1 arbatinis šaukštelis aktyvių sausų arba momentinių mielių

1 puodelis šilto vandens (100-110°F)

1 puodelis paprastų pyrago miltų (nekyla savaime)

Apie 3 stiklines nebalintų universalių miltų

2 arbatinius šaukštelius druskos

1. Ant vandens pabarstykite mieles. Leiskite pastovėti, kol mielės taps kreminės, apie 2 minutes. Maišykite, kol mielėsištirps.

2. Dideliame dubenyje sumaišykite du miltus ir druską. Įpilkite mielių mišinio ir maišykite, kol susidarys minkšta tešla. Tešlą išverskite ant lengvai miltais pabarstyto paviršiaus ir minkykite iki vientisos ir elastingos masės, prireikus įberkite daugiau miltų, kad susidarytų drėgna, bet nelipni tešla, maždaug 10 minučių. (Arba gaminkite tešlą galingu maišytuvu, virtuviniu kombainu arba duonos mašina, vadovaudamiesi gamintojo nurodymais.)

3. Iš tešlos suformuokite rutulį. Padėkite ant miltais pabarstyto paviršiaus ir uždenkite apverstu dubeniu. Leiskite kilti apie 11/2 valandų kambario temperatūroje arba kol padvigubės.

4. Atidenkite tešlą ir išspauskite oro burbuliukus. Tešlą perpjaukite per pusę arba į ketvirčius, priklausomai nuo picų dydžio, kurį gaminsite. Kiekvieną gabalėlį suformuokite į rutulį. Padėkite rutuliukus kelių colių atstumu vienas nuo kito ant miltais pabarstyto paviršiaus ir uždenkite rankšluosčiu arba plastikine plėvele. Leiskite pakilti 1 valandą arba kol padvigubės.

5. Lengvai pabarstykite darbo paviršių miltais. Vieną tešlos gabalėlį paglostykite ir ištempkite į 9–12 colių apskritimą, maždaug 1/4 colio storio. Tešlos kraštą palikite šiek tiek storesnį.

6. Picos žievelę arba kepimo skardą be apvado gausiai pabarstykite miltais. Tešlos apskritimą atsargiai uždėkite ant žievelės. Sukratykite žievelę, kad įsitikintumėte, jog tešla nelimpa. Jei taip, pakelkite tešlą ir į žievelę įberkite daugiau miltų. Tešla yra paruošta užpilti ir kepti pagal jūsų receptą.

Mocarelos, pomidorų ir bazilikų pica

Pica Margherita

Gamina keturias 9 colių picas arba dvi 12 colių picas

Neapoliečiai šią klasikinę picą, pagamintą iš mocarelos, paprasto pomidorų padažo ir baziliko, vadina pica Margherita gražios karalienės, kuri XIX amžiuje mėgavosi pica, garbei.

1 receptasNeapolietiškos picos tešla, paruoštas per 6 veiksmą

21/2 puodelioMarinara padažas, kambario temperatūroje

12 uncijų šviežios mocarelos, plonai supjaustytos

Šviežiai tarkuotas Parmigiano-Reggiano, neprivaloma

Pirmo spaudimo alyvuogių aliejus

8 švieži baziliko lapeliai

1. Paruoškite tešlą ir padažą, jei reikia. Tada, likus 30–60 minučių iki kepimo, padėkite picos akmenį arba neglazūruotas karjero plyteles arba kepimo skardą ant grotelių žemiausiame orkaitės lygyje. Įjunkite orkaitę iki maksimalios – 500° arba 550° F.

2. Tešlą ištepkite plonu padažo sluoksniu, palikdami 1/2 colio kraštelį. Ant viršaus išdėliokite mocarelą ir, jei naudojate, pabarstykite tarkuotu sūriu.

3. Atidarykite orkaitę ir švelniai nuimkite tešlą nuo žievelės, šiek tiek pakreipdami ją link akmens galo ir švelniai pakratydami į priekį ir atgal. Kepkite picą 6–7 minutes arba tol, kol pluta taps traški ir apskrus.

4. Perkelkite ant pjaustymo lentos ir apšlakstykite šiek tiek aukščiausios kokybės pirmojo spaudimo alyvuogių aliejaus. 2 baziliko lapelius suplėšykite gabalėliais ir išbarstykite ant picos. Supjaustykite griežinėliais ir nedelsdami patiekite. Padarykite daugiau picų tokiu pat būdu iš likusių ingredientų.

Variacija: Iškeptą picą apibarstykite pjaustyta šviežia rukola ir griežinėliais pjaustytu prosciutto.

Pomidorų, česnakų ir raudonėlių pica

Pica Marinara

Gamina keturias 9 colių arba dvi 12 colių picas

Nors Neapolyje jie valgo daug skirtingų picų rūšių, oficiali Neapolio picų gamintojų asociacija tik dviejų rūšių picas laiko autentico, o tai reiškia tikrąją. Mocarelos, pomidorų ir bazilikų pica, pavadintas mylimos karalienės vardu, yra vienas, o kitas – pica marinara, kuri nepaisant pavadinimo (marinara reiškia „jūrininko") gaminama be jūros gėrybių. Tačiau jei tokio tipo picą užsisakysite Romoje, o ne Neapolyje, greičiausiai ant jos bus ančiuvių.

Neapolietiško stiliaus picos tešla, paruoštas 6 veiksme

2 1/2 puodelio Marinara padažas, kambario temperatūroje

1 skardinė ančiuvių, nusausintų (nebūtina)

Džiovintas raudonėlis, sutrupintas

3 česnako skiltelės, smulkiai supjaustytos

Pirmo spaudimo alyvuogių aliejus

1. Paruoškite tešlą ir padažą, jei reikia. Tada, likus 30–60 minučių iki kepimo, padėkite picos akmenį, neglazūruotas karjero

plyteles arba kepimo skardą ant grotelių žemiausiame orkaitės lygyje. Įjunkite orkaitę iki maksimalios – 500° arba 550° F.

2. Tešlą ištepkite plonu padažo sluoksniu, palikdami 1/2 colio kraštelį. Ant viršaus išdėliokite ančiuvius. Pabarstykite raudonėliu ir išbarstykite česnaką ant viršaus.

3. Atidarykite orkaitę ir švelniai nuimkite tešlą nuo žievelės, pakreipdami ją link akmens galo ir švelniai pakratydami į priekį ir atgal. Kepkite picą 6–7 minutes arba tol, kol pluta taps traški ir apskrus.

4. Perkelkite ant pjaustymo lentos ir apšlakstykite šiek tiek aukščiausios kokybės pirmojo spaudimo alyvuogių aliejaus. Supjaustykite griežinėliais ir nedelsdami patiekite. Iš likusių ingredientų gaminkite daugiau picų.

Prieš kepdami šią picą apibarstykite plonais griežinėliais pjaustytais pepperoni ir nusausintais marinuotais aitriaisiais pipirais.

Pica su laukiniais grybais

Pica alla Boscaiola

Gamina keturias 9 colių picas

Pjemonte draugai vyndariai nuvedė mus su vyru į piceriją, kurią atidarė vyras iš Neapolio. Jis mums pagamino picą su dviem vietiniais ingredientais – Fontina Valle d'Aosta, aksominiu karvės pieno sūriu ir šviežiais kiaulienos grybais. Sūris gražiai ištirpo ir papildė miškingą grybų skonį. Nors Jungtinėse Valstijose sunku gauti šviežių kiaulienos, ši pica vis tiek tinkama gaminti su kitų rūšių grybais.

Neapolietiško stiliaus picos tešla, paruoštas 6 veiksme

3 šaukštai aukščiausios kokybės pirmojo spaudimo alyvuogių aliejaus

1 česnako skiltelė, smulkiai pjaustyta

1 svaras įvairių grybų, tokių kaip baltieji, šitake ir austrių grybai (arba naudokite tik baltus grybus), apipjaustyti ir supjaustyti

½ arbatinio šaukštelio smulkintų šviežių čiobrelių arba žiupsnelis džiovintų čiobrelių, sutrintų

Druska ir šviežiai malti juodieji pipirai

2 šaukštai kapotų šviežių plokščialapių petražolių

8 uncijos Fontina Valle d'Aosta, Asiago arba mocarela, plonais griežinėliais

1.Jei reikia, paruoškite tešlą. Tada, likus 30–60 minučių iki kepimo, padėkite picos akmenį, neglazūruotas karjero plyteles arba kepimo skardą ant grotelių žemiausiame orkaitės lygyje. Įjunkite orkaitę iki maksimalios – 500° arba 550° F.

2.Didelėje keptuvėje ant vidutinės ugnies įkaitinkite aliejų su česnaku. Įpilkite grybų, čiobrelių, druskos ir pipirų pagal skonį ir virkite, dažnai maišydami, kol grybų sultys išgaruos ir grybai paruduos, maždaug 15 minučių. Įmaišykite petražoles ir nukelkite nuo ugnies.

3.Sūrio griežinėlius paskleiskite ant tešlos, aplink palikdami 1 colio kraštelį. Ant viršaus uždėkite grybus.

4.Atidarykite orkaitę ir švelniai nuimkite tešlą nuo žievelės, pakreipdami ją link akmens ir švelniai purtydami pirmyn ir atgal. Kepkite picą 6–7 minutes arba tol, kol pluta taps traški ir apskrus. Apšlakstykite šiek tiek aukščiausios kokybės pirmojo spaudimo alyvuogių aliejaus.

5.Perkelkite ant pjaustymo lentos ir apšlakstykite šiek tiek aukščiausios kokybės pirmojo spaudimo alyvuogių aliejaus.

Supjaustykite griežinėliais ir nedelsdami patiekite. Iš likusių ingredientų gaminkite daugiau picų.

Calzoni

Padaro 4 kalcinus

Spaccanapoli gatvėse, senojoje Neapolio dalyje, jums gali pasisekti sutikti gatvės pardavėją, gaminantį kalzonius. Šis žodis reiškia „didelė kojinė", tinkamas šio įdaryti pyrago apibūdinimas. Kalzonė gaminama iš picos tešlos apskritimo, sulankstyto taip, kaip apverčiama aplink įdarą. Gatvės prekeiviai juos kepa dideliuose puoduose su verdančiu aliejumi, pastatytame ant nešiojamųjų viryklių. Picerijose dažniausiai kepami kalzonai.

1 vokas (21/2 arbatinio šaukštelio) aktyvių sausų mielių arba 2 arbatiniai šaukšteliai momentinių mielių

1 1/3 puodelio šilto vandens (nuo 100° iki 110°F)

Apie 31/2 stiklinės nebalintų universalių miltų

2 arbatinius šaukštelius druskos

2 šaukštai alyvuogių aliejaus ir dar daugiau viršūnėms tepti

Užpildymas

1 svaras nenugriebto arba nugriebto pieno rikotos

8 uncijos šviežios mocarelos, susmulkintos

4 uncijos prosciutto, saliamio arba kumpio, supjaustyto

½ puodelio šviežiai tarkuoto Parmigiano-Reggiano

1. Dideliame dubenyje ant vandens pabarstykite mieles. Leiskite pastovėti, kol mielės taps kreminės, apie 2 minutes. Maišykite, kol mielės ištirps.

2. Įpilkite 3 1/2 puodelio miltų, druskos ir 2 šaukštus alyvuogių aliejaus. Maišykite mediniu šaukštu, kol pasidarys minkšta tešla. Tešlą išverskite ant lengvai miltais pabarstyto paviršiaus ir minkykite, jei reikia, įberkite daugiau miltų iki vientisos ir elastingos masės, maždaug 10 minučių.

3. Lengvai aptepkite didelį dubenį aliejumi. Sudėkite tešlą į dubenį, apversdami, kad viršus būtų aliejumi. Uždenkite plastikine plėvele. Padėkite į šiltą, be skersvėjo vietą ir leiskite pakilti, kol masė padvigubės, apie 1 1/2 val.

4. Tešlą išlyginkite kumščiu. Tešlą supjaustykite į 4 dalis. Kiekvieną gabalėlį suformuokite į rutulį. Padėkite rutuliukus kelių colių atstumu vienas nuo kito ant lengvai miltais pabarstyto paviršiaus. Laisvai uždenkite plastikine plėvele ir leiskite pakilti, kol masė padvigubės, maždaug 1 valandą.

5. Tuo tarpu sumaišykite įdaro ingredientus, kol gerai susimaišys.

6. Orkaitės centre padėkite du groteles. Įkaitinkite orkaitę iki 425 ° F. Aliejumi 2 dideles kepimo skardas.

7. Ant lengvai miltais pabarstyto paviršiaus kočėlu iškočiokite vieną tešlos gabalėlį iki 9 colių apskritimo. Vieną ketvirtadalį įdaro uždėkite ant pusės apskritimo, palikdami 1/2 colio kraštelį sandarinimui. Sulenkite tešlą, kad uždengtų įdarą, išspauskite orą. Tvirtai suspauskite kraštus, kad užsandarintumėte. Tada užlenkite kraštą ir vėl užsandarinkite. Padėkite kalzoną ant vienos iš kepimo skardų. Pakartokite su likusia tešla ir įdaru, kalzonius dėkite kelių colių atstumu vienas nuo kito.

8. Kiekvieno kalzono viršuje išpjaukite mažą plyšelį, kad garai galėtų išeiti. Viršų aptepkite alyvuogių aliejumi.

9. Kepkite nuo 35 iki 40 minučių arba kol taps traškūs ir apskrus, sukdami keptuves maždaug įpusėjus. Padėkite ant grotelių, kad atvėstų 5 minutes. Patiekite karštą.

Variacija: Užpildykite kalzoni rikotos, ožkos sūrio, česnako ir baziliko deriniu arba patiekite kalzonį, užpiltą pomidorų padažu.

Ančiuvių kepiniai

Crispeddi di Alici

Sudaro 12

Šie maži suktinukai, įdaryti ančiuviais, yra mėgstami visoje Pietų Italijoje. Crispeddi yra Kalabrijos vardas; Siciliečiai juos vadina fanfarichi arba tiesiog pasta fritta, "kepta tešla". Mano vyro siciliečių šeima juos visada valgydavo Naujųjų metų išvakarėse, o kitos šeimos per gavėnią jais mėgaujasi.

1 vokas (2 1/2 arbatinio šaukštelio) aktyvių sausų mielių arba 2 arbatiniai šaukšteliai momentinių mielių

1 1/3 puodelio šilto vandens (nuo 100° iki 110°F)

Apie 3 1/2 stiklinės nebalintų universalių miltų

2 arbatinius šaukštelius druskos

1 (2 uncijos) skardinė išploti ančiuvių filė, nusausinta ir išdžiovinta

Maždaug 4 uncijos mocarelos, supjaustytos 1/2 colio storio juostelėmis

Augalinis aliejus kepimui

1. Ant vandens pabarstykite mieles. Leiskite pastovėti, kol mielės taps kreminės, apie 2 minutes. Maišykite, kol mielės ištirps.

2. Dideliame dubenyje sumaišykite 31/2 puodelio miltų ir druskos. Įpilkite mielių mišinio ir maišykite, kol susidarys minkšta tešla. Tešlą išverskite ant lengvai miltais pabarstyto paviršiaus ir minkykite, jei reikia, įberkite daugiau miltų iki vientisos ir elastingos masės, maždaug 10 minučių.

3. Sutepkite didelį dubenį aliejumi. Įdėkite tešlą į dubenį, vieną kartą apversdami, kad viršus aliejuotumėte. Uždenkite plastikine plėvele. Padėkite į šiltą, be skersvėjų vietą ir leiskite pakilti, kol masė padvigubės, apie 1 valandą.

4. Tešlą išlyginkite, kad neliktų oro burbuliukų. Tešlą supjaustykite į 12 dalių. Padėkite 1 gabalėlį ant lengvai miltais pabarstyto paviršiaus, likusius gabalėlius uždenkite.

5. Tešlą iškočiokite iki maždaug 5 colių skersmens apskritimo. Į apskritimo centrą įdėkite gabalėlį ančiuvių ir mocarelos gabalėlį. Pakelkite tešlos kraštus ir suspauskite juos aplink įdarą, suformuodami tašką kaip piniginę. Išlyginkite smaigalį, išspausdami orą. Suspauskite siūlę, kad sandariai užsandarintumėte. Pakartokite su likusiais ingredientais.

6. Išklokite padėklą popieriniais rankšluosčiais. Į didelę keptuvę supilkite pakankamai aliejaus, kad pasiektumėte 1/2 colio gylio. Įkaitinkite aliejų ant vidutinės ugnies. Vienu metu sudėkite kelis ritinius, dėdami juos siūle žemyn. Apkepkite suktinukus, išlygindami juos mentele, iki auksinės rudos spalvos, maždaug 2 minutes iš kiekvienos pusės. Nusausinkite ant popierinių rankšluosčių. Pabarstykite druska.

7. Lygiai taip pat apkepkite likusius suktinukus. Prieš patiekdami leiskite šiek tiek atvėsti.

Pastaba:Būkite atsargūs, kai į juos įkandate; vidus išlieka labai karštas, o išorė vėsta.

Pomidorų ir sūrio apyvarta

Panzerotti Pugliese

Padaro 16 apyvartų

Mažos apyvartos, panašios į pirmiau minėtas ančiuvių kotletus, yra Dora Marzovilla, kilusios iš Apulijos, specialybė. Kiekvieną dieną ji gamina juos savo šeimos restorane „I Trulli" Niujorke. Juos galima gaminti su ančiuviais arba be jų.

1 receptas trintos tešlos (nuoAnčiuvių kepiniai)

3 slyviniai pomidorai, išskobti ir supjaustyti

Druska

4 uncijos šviežios mocarelos, supjaustytos į 16 dalių

Augalinis aliejus kepimui

1. Paruoškite tešlą. Tada perpjaukite pomidorus per pusę ir išspauskite sultis bei sėklas. Pomidorus supjaustykite ir pagardinkite druska bei pipirais.

2. Tešlą supjaustykite į ketvirčius. Kiekvieną ketvirtį supjaustykite į 4 dalis. Laikydami likusią tešlą uždengtą, vieną gabalėlį

iškočiokite iki 4 colių apskritimo. Į vieną apskritimo pusę
padėkite 1 arbatinį šaukštelį pomidorų ir gabalėlį mocarelos.
Kitą tešlos pusę užlenkite ant įdaro, kad susidarytų pusmėnulis.
Išspauskite orą ir suspauskite kraštus, kad užsandarintumėte.
Šakute tvirtai užspauskite kraštus.

3.Išklokite padėklą popieriniais rankšluosčiais. Giliame puode arba gruzdintuvėje įkaitinkite bent 1 colio aliejaus iki 375 °F ant kepimo termometro arba kol 1 colio duonos gabalas paruduos per 1 minutę. Atsargiai, po kelis kartus sudėkite į karštą aliejų. Tarp jų palikite pakankamai vietos, kad jos nesiliestų. Apverskite vieną ar du kartus ir kepkite iki auksinės rudos spalvos, maždaug 2 minutes iš kiekvienos pusės.

4.Perkelkite apyvartas ant popierinių rankšluosčių, kad nuvarvėtų. Pabarstykite druska. Patiekite karštą.

Pastaba:*Būkite atsargūs, kai į juos įkandate; vidus išlieka labai karštas, o išorė vėsta.*

Velykų pyragas

Pizza Rustica arba Pizza Chiene

Padaro 12 porcijų

Dauguma pietų italų Velykoms gamina vieną ar kitą šio labai sotaus, pikantiško pyrago versiją. Kai kurie pyragai yra gaminami iš mielinės tešlos, o kitiems naudojama saldinta pyragų tešla. Į įdarą dažnai dedami kietai virti kiaušiniai, o kiekvienas virėjas turi savo mėgstamą sūrių ir vytintos mėsos derinį. Taip velykinį pyragą gamino mano močiutė.

Pizza rustica taip pat žinomas kaip pizza chiene (tariama "pica gheen"), tarminė pizza ripiene forma, reiškianti "įdarytas" arba "pilnas" pyragas. Paprastai jis valgomas per Velykų pirmadienio iškylą, kurią šeimos planuoja švęsti pavasurio atėjimą. Kadangi jis toks turtingas, mažas gabalėlis nueina ilgą kelią.

Pluta

4 puodeliai nebalintų universalių miltų

1 1/2 šaukštelio druskos

1/2 stiklinės kieto daržovių patrumpinimo

½ puodelio (1 pagaliukas) nesūdyto sviesto, atšaldyto ir supjaustyto gabalėliais

2 dideli kiaušiniai, sumušti

3-4 šaukštai ledinio vandens

Užpildymas

8 uncijos saldžios itališkos dešros, pašalintos žarnos

3 dideli kiaušiniai, lengvai paplakti

1 puodelis šviežiai tarkuoto Parmigiano-Reggiano arba Pecorino Romano

2 svarai visos arba iš dalies nugriebtos rikotos, nusausintos per naktį (žr. šoninę juostąNorėdami nusausinti Ricotta)

8 uncijos šviežios mocarelos, supjaustytos mažais kubeliais

4 uncijos prosciutto, supjaustyti mažais kauliukais

4 uncijos virto kumpio, supjaustyto mažais kubeliais

4 uncijos sopressata, supjaustyta mažais kauliukais

Glajus

1 kiaušinis, lengvai paplaktas

1. Paruoškite plutą: dubenyje sumaišykite miltus ir druską. Konditerijos trintuvu arba šakute supjaustykite sviestą ir sutrinkite, kol masė taps panaši į didelius trupinius. Įmuškite kiaušinius ir maišykite, kol pasidarys minkšta tešla. Ranka paimkite dalį mišinio ir greitai suspauskite, kol jis susilies. Pakartokite su likusia tešla, kol ingredientai susilies ir galėsite suformuoti lygų rutulį. Jei mišinys atrodo per sausas ir trapus, įpilkite šiek tiek ledinio vandens. Surinkite tešlą į du diskus, kurių vienas yra tris kartus didesnis už kitą. Kiekvieną diską apvyniokite plastikine plėvele. Šaldykite nuo 1 valandos iki nakties.

2. Norėdami pagaminti įdarą, kepkite dešros mėsą nedidelėje keptuvėje ant vidutinės ugnies, retkarčiais pamaišydami, kol nebebus rausvos, maždaug 10 minučių. Mėsą išimkite kiaurasamčiu. Mėsą supjaustykite ant lentos.

3. Dideliame dubenyje išplakite kiaušinius ir Parmigiano, kol gerai susimaišys. Įmaišykite rikotą, dešrų mėsą, mocarelą ir supjaustytą mėsą.

4. Orkaitės groteles padėkite į apatinį orkaitės trečdalį. Įkaitinkite orkaitę iki 375 ° F. Ant lengvai miltais pabarstyto paviršiaus miltais pabarstytu kočėlu iškočiokite didelį tešlos gabalą, kad susidarytumėte 14 colių apskritimą. Tešlą užtepkite ant kočėlo.

Perkelkite tešlą į 9 colių spyruoklinę formą, sklandžiai prispauskite prie keptuvės dugno ir šonų. Į keptuvę supilkite įdarą.

5. Likusį tešlos gabalėlį iškočiokite į 9 colių apskritimą. Tešlą supjaustykite rievėtu konditerijos ratuku 1/2 colio juostelėmis. Ant įdaro uždėkite pusę juostelių 1 colio atstumu vienas nuo kito. Apverskite keptuvę ketvirtadaliu ir ant viršaus uždėkite likusias juosteles, suformuodami grotelių raštą. Suspauskite viršutinio ir apatinio tešlos sluoksnių kraštus, kad sandariai užsifiksuotų. Tešlą patepkite kiaušinių glaistu.

6. Kepkite pyragą nuo 1 iki 11/4 valandų arba tol, kol pluta taps auksinės spalvos, o įdaras išsipūs. Pyragą 10 minučių atvėsinkite keptuvėje ant grotelių. Nuimkite keptuvės šonus ir leiskite visiškai atvėsti. Patiekite šiltą arba kambario temperatūros. Sandariai uždenkite ir laikykite šaldytuve iki 3 dienų.

Sicilijos kardžuvės tortas

Impanata di Pesce Spada

Padaro nuo 8 iki 10 porcijų

Siciliečiai šį pikantišką pyragą gamina su kardžuve arba tunu, baklažanais arba cukinijomis. Tai įspūdingas patiekalas, ir kai tik jį gaminu, galvoju apie pokylių stalo aprašymą Giuseppe de Lampedusa romane „Leopardas" apie smunkančią Sicilijos aristokratiją. Tai šiek tiek gamybos, bet verta pastangų.

Tešla

4 puodeliai nebalintų universalių miltų

2 šaukštai cukraus

1 arbatinis šaukštelis druskos

½ puodelio (4 uncijos) šalto daržovių patrumpinimo

½ puodelio (1 pagaliukas) šalto nesūdyto sviesto, supjaustyto 1/4 colio storio griežinėliais

1 arbatinis šaukštelis tarkuotos apelsino žievelės

2 dideli kiaušiniai, sumušti

Apie 3–4 šaukštus šalto sauso baltojo vyno

Užpildymas

Alyvuogių aliejus

1 vidutinis baklažanas (apie 1 svaras) supjaustytas 1/4 colio storio griežinėliais

Druska

1 vidutinio dydžio svogūnas, supjaustytas

1 švelnus saliero šonkaulis, smulkiai pjaustytas

5 prinokę pomidorai, nulupti, be sėklų ir susmulkinti, arba 21/2 puodelio kapotų nusausintų konservuotų pomidorų

1/2 stiklinės žalių alyvuogių be kauliukų, susmulkintų

2 šaukštai kapotų kaparėlių, nuplauti ir nusausinti

2 šaukštai razinų

2 šaukštai pušies riešutų

1 svaras plonai supjaustytos kardžuvės

Druska ir šviežiai malti juodieji pipirai

1.Paruoškite tešlą: į didelį dubenį suberkite miltus, cukrų ir druską. Konditerijos trintuvu arba šakute supjaustykite tešlą, sviestą ir apelsino žievelę, kol mišinys taps panašus į stambius trupinius. Įmaišykite kiaušinius ir tiek vyno, kad sausi ingredientai pradėtų susijungti ir susidarytų tešla. Ranka paimkite dalį mišinio ir greitai suspauskite, kol jis susilies. Pakartokite su likusia tešla, kol ji susilies ir bus suformuota į rutulį. Jei mišinys atrodo per sausas ir trapus, įpilkite arbatinį šaukštelį šalto vandens. Surinkite tešlą į du diskus, kurių vienas yra dvigubai didesnis už kitą. Kiekvieną diską apvyniokite plastikine plėvele. Šaldykite nuo 1 valandos iki nakties.

2.Paruoškite įdarą: didelėje keptuvėje įkaitinkite 1/4 puodelio alyvuogių aliejaus. Baklažano skilteles nusausinkite ir kepkite po vieną sluoksnį, kol gražiai apskrus. Pabarstykite druska.

3.Kitoje didelėje keptuvėje ant vidutinės ugnies sumaišykite 1/4 puodelio alyvuogių aliejaus, svogūną ir salierą. Virkite, dažnai maišydami, kol daržovės suminkštės, maždaug 10 minučių. Įmaišykite pomidorus, kaparėlius, alyvuoges, razinas ir pušies riešutus. Virkite, kol išgaruos sultys ir padažas taps tirštas. Įdėkite kardžuvę, tada druskos ir pipirų pagal skonį. Žuvį aptepkite padažu. Uždenkite ir virkite 5–8 minutes arba tol, kol storiausia žuvis taps rausva. Jei keptuvėje yra per daug skysčio, išimkite žuvį į lėkštę ir sumažinkite skysčio kiekį ant vidutinės ugnies. Leiskite atvėsti.

4. Orkaitės lentyną padėkite orkaitės centre. Įkaitinkite orkaitę iki 375 ° F.

5. Jei tešla buvo šaldytuve per naktį, leiskite jai pastovėti kambario temperatūroje 20–30 minučių prieš iškočiodami. Didesnį tešlos gabalą iškočiokite iki 14 colių apskritimo. Laisvai apvyniokite tešlą aplink kočėlą, kad perkeltumėte tešlą į 9 colių spyruoklinę formą. Švelniai įspauskite tešlą į keptuvės pagrindą ir išilgai šonų. Šaukštu pusę kardžuvės mišinio paskleiskite ant tešlos. Uždenkite baklažanais. Ant viršaus uždėkite likusią kardžuvę ir padažą.

6. Mažesnį tešlos gabalėlį iškočiokite iki 10 colių apskritimo. Centruokite tešlą ant pyrago viršaus. Nupjaukite visą tešlos kraštą, išskyrus 1/2 colio kraštą. Sulenkite tešlą, suimkite kraštus, kad užsandarintumėte.

7. Mažu peiliu tešlos viršuje įpjaukite keletą plyšelių, kad išeitų garai. Kepkite 50–60 minučių arba tol, kol viršus taps aukso rudos spalvos, o plyšiuose matomos sultys burbuliuoja.

8. Atvėsinkite 10 minučių ant grotelių. Nuimkite keptuvės šonus. Leiskite atvėsti dar 15 minučių. Patiekite karštą arba kambario temperatūros.

Žaliųjų svogūnų pyragas

Pica di Cippollotti

Padaro 8 porcijas

Apulijoje šis pyrago įdaras gaminamas su švelniais porais arba žaliaisiais svogūnais. Aš dažniau naudoju žalius svogūnus, nes su jais šiek tiek lengviau dirbti, bet jei norite, pabandykite naudoti porus. Patiekite su avies pieno sūriu ir primitivo, tvirtu raudonu vynu iš šio regiono arba zinfandeliu.

Tešla

1 vokas (2 1/2 arbatinio šaukštelio) aktyvių sausų mielių

3/4 puodelio šilto vandens (100–110 °F)

3 šaukštai aukščiausios kokybės pirmojo spaudimo alyvuogių aliejaus

Apie 2 1/2 stiklinės nebalintų universalių miltų

1 arbatinis šaukštelis druskos

Užpildymas

3 kekės žaliųjų svogūnų (apie 12 uncijų)

3 šaukštai aukščiausios kokybės pirmojo spaudimo alyvuogių aliejaus

1 puodelis didelių žalių alyvuogių, be kauliukų ir stambiai pjaustytų

1.Dideliame dubenyje ant vandens pabarstykite mieles. Leiskite pastovėti, kol mielės taps kreminės, apie 2 minutes. Maišykite, kol mielės ištirps.

2.Įpilkite alyvuogių aliejaus, 21/2 puodelio miltų ir druskos. Maišykite mišinį, kol susidarys minkšta tešla. Išverskite tešlą ant lengvai miltais pabarstyto paviršiaus. Minkykite iki vientisos ir elastingos masės, apie 10 minučių, jei reikia, įberkite daugiau miltų. Tešla turi jaustis drėgna, bet ne lipni. Iš tešlos suformuokite rutulį.

3.Didelį dubenį patepkite aliejumi ir sudėkite į jį tešlą, vieną kartą apversdami, kad viršus pateptų aliejumi. Uždenkite plastikine plėvele ir palikite pakilti šiltoje, be skersvėjų vietoje, kol masė padvigubės, maždaug 11/2 valandos.

4.Tuo tarpu paruoškite įdarą: nupjaukite svogūnus, pašalinkite šaknies galą ir visus sumuštus išorinius lapus. Apkarpykite maždaug 1 coliu nuo viršūnių. Svogūnus perpjaukite per pusę išilgai, tada skersai į 1/2 colio gabalėlius.

5. Didelėje keptuvėje ant vidutinės-mažos ugnies įkaitinkite aliejų. Įmaišykite svogūnus. Uždenkite keptuvę ir kepkite, retkarčiais pamaišydami, kol svogūnai suminkštės, bet neapskrus, apie 10 minučių. Nukelkite nuo ugnies. Įmaišykite alyvuoges ir atvėsinkite.

6. Orkaitės centre padėkite lentyną. Įkaitinkite orkaitę iki 400°F. Tešlą išlyginkite, kad neliktų oro burbuliukų. Padalinkite tešlą į 2 dalis, kurių viena yra maždaug dvigubai didesnė už kitą.

7. Ant lengvai miltais pabarstyto paviršiaus iškočiokite didesnį tešlos gabalą iki 12 colių apskritimo. Laisvai apvyniokite tešlą aplink kočėlą ir perkelkite į 9 colių spyruoklinę formą. Centruokite tešlą keptuvėje ir tolygiai paspauskite, kad tilptų. Tolygiai paskleiskite įdarą ant tešlos, palikdami 1 colio kraštelį.

8. Likusią tešlą iškočiokite iki 9 colių apskritimo. Uždėkite apskritimą ant įdaro. Suimkite tešlos kraštus, kad sandariai užsifiksuotų. Mažu aštriu peiliu tešlos viršuje išpjaukite aštuonis 1/2 colio plyšius.

9. Kepkite 40 minučių arba kol paruduos. Atvėsinkite 10 minučių ant grotelių. Nuimkite keptuvės šonus. Leiskite atvėsti dar 15 minučių. Patiekite karštą arba kambario temperatūros.

Sviesto žiedai

Bussolai

Sudaro 36

Šiuos venecijietiškus sausainius paprasta pasigaminti ir malonu turėti namuose vidurdienio užkandžiams arba svečiams užsukus.

1 puodelis cukraus

½ stiklinės (1 pagaliukas) nesūdyto sviesto, kambario temperatūros

3 dideli kiaušinių tryniai

1 arbatinis šaukštelis tarkuotos citrinos žievelės

1 arbatinis šaukštelis tarkuotos apelsino žievelės

1 arbatinis šaukštelis gryno vanilės ekstrakto

2 puodeliai universalių miltų

½ arbatinio šaukštelio druskos

1 kiaušinio baltymas, išplaktas iki putų

1. Atidėkite 1/3 puodelio cukraus.

2. Dideliame elektrinio plaktuvo dubenyje vidutiniu greičiu išplakite sviestą su likusiais 2/3 puodelio cukraus iki šviesios ir purios masės, maždaug 2 minutes. Po vieną įmuškite kiaušinių trynius. Įpilkite citrinos ir apelsinų žievelių bei vanilės ekstrakto ir plakite, nubraukdami dubenėlio šonus, iki vientisos masės, dar maždaug 2 minutes.

3. Įmaišykite miltus ir druską, kol gerai susimaišys. Iš tešlos suformuokite rutulį. Apvyniokite plastikine plėvele ir šaldykite nuo 1 valandos iki nakties.

4. Įkaitinkite orkaitę iki 325 ° F. Riebalais patepkite 2 dideles kepimo skardas. Tešlą supjaustykite į 6 dalis. Kiekvieną gabalėlį vėl padalinkite į 6 dalis. Susukite kiekvieną gabalėlį į 4 colių virvę, suformuokite žiedą ir suimkite galus, kad užsandarintumėte. Padėkite žiedus 1 colio atstumu vienas nuo kito ant paruoštų kepimo skardų. Lengvai aptepkite kiaušinio plakiniu ir pabarstykite likusia 1/3 puodelio cukraus.

5. Kepkite 15 minučių arba kol švelniai apskrus. Paruoškite 2 vielinius aušinimo stovus.

6. Perkelkite kepimo skardas ant grotelių. Leiskite sausainiams 5 minutes atvėsti ant kepimo skardos, tada perkelkite ant grotelių, kad visiškai atvėstų. Laikyti hermetiškame inde iki 2 savaičių.

Citrinų mazgai

Tarralucci

Sudaro 40

Kiekviena itališka kepykla Brukline, Niujorke, gamino šiuos gaivius sicilietiškus citrininius sausainius, kai aš augau. Mėgstu juos patiekti su šalta arbata.

Jei oras karštas ir drėgnas, glajus gali nesutvirtinti kambario temperatūroje. Tokiu atveju sausainius laikykite šaldytuve.

4 puodeliai universalių miltų

4 arbatinius šaukštelius kepimo miltelių

1 puodelis cukraus

½ stiklinės kieto daržovių patrumpinimo

3 dideli kiaušiniai

½ stiklinės pieno

2 šaukštai citrinos sulčių

2 arbatinius šaukštelius tarkuotos citrinos žievelės

Apledėjimas

1 1/2 stiklinės konditerinio cukraus

1 valgomasis šaukštas šviežiai spaustų citrinų sulčių

2 arbatinius šaukštelius tarkuotos citrinos žievelės

Pienas

1. Išsijokite miltus ir kepimo miltelius ant vaško popieriaus gabalo.

2. Dideliame dubenyje elektriniu plaktuvu vidutiniu greičiu plakite cukrų ir sutrinkite iki šviesios ir purios masės, apie 2 minutes. Po vieną įmuškite kiaušinius, kol gerai susimaišys. Įmaišykite pieną, citrinos sultis ir žievelę. Nubraukite dubens šonus. Sumaišykite sausus ingredientus iki vientisos masės, maždaug 2 minutes. Uždenkite plastikine plėvele ir šaldykite mažiausiai 1 valandą.

3. Įkaitinkite orkaitę iki 350°F. Paruoškite 2 dideles kepimo skardas. Nuimkite golfo kamuoliuko dydžio tešlos gabalą. Lengvai iškočiokite tešlą į 6 colių virvę. Suriškite virvę į mazgą. Padėkite mazgą ant neteptos kepimo skardos. Toliau kurkite mazgus ir dėkite juos maždaug 1 colio atstumu vienas nuo kito ant lakštų.

4. Kepkite sausainius 12 minučių arba kol sutvirtės, kai bus paspaustas ant viršaus, bet neparudavęs. Paruoškite 2 vielinius aušinimo stovus.

5. Perkelkite kepimo skardas ant grotelių. Leiskite sausainiams 5 minutes atvėsti ant kepimo skardos, tada perkelkite ant grotelių, kad visiškai atvėstų.

6. Dideliame dubenyje sumaišykite konditerio cukrų, citrinos sultis ir žievelę. Supilkite pieną po 1 arbatinį šaukštelį ir maišykite, kol susidarys plonas riebios grietinėlės konsistencijos glajus.

7. Sausainių viršūnes pamerkite į glajų. Dėkite juos ant grotelių, kol glajus sukietės. Laikyti sandariuose induose iki 3 dienų.

Prieskonių sausainiai

Bicciolani

Sudaro 75

Kavinėse Turine galite užsisakyti barbajada – pusiau kavos ir pusės karšto šokolado derinį. Puikiai tiktų su šiais plonais, sviestiniais prieskoniniais sausainiais.

1 puodelis (2 lazdelės) nesūdyto sviesto, kambario temperatūros

1 puodelis cukraus

1 kiaušinio trynys

2 puodeliai universalių miltų

½ arbatinio šaukštelio druskos

1 arbatinis šaukštelis malto cinamono

⅛ arbatinio šaukštelio šviežiai tarkuoto muskato riešuto

⅛ arbatinio šaukštelio maltų gvazdikėlių

1. Įkaitinkite orkaitę iki 350°F. Sutepkite 15 × 10 × 1 colio želė suktinuką.

2. Dubenyje sumaišykite miltus, druską ir prieskonius.

3. Dideliame elektrinio maišytuvo dubenyje suplakite sviestą, cukrų ir kiaušinio trynį vidutiniu greičiu iki šviesios ir purios masės, maždaug 2 minutes. Sumažinkite greitį iki mažo ir įmaišykite sausus ingredientus, kol jie gerai susimaišys, dar apie 2 minutes.

4. Tešlą sutrupinkite į paruoštą skardą. Rankomis tvirtai išspauskite tešlą į lygų sluoksnį. Šakute padarykite negilius įdubimus tešlos viršuje.

5. Kepkite nuo 25 iki 30 minučių arba kol lengvai paruduos. Perkelkite keptuvę ant vielinio aušinimo stovo. Atvėsinkite 10 minučių. Tada supjaustykite tešlą į 2 × 1 colio sausainius.

6. Visiškai atvėsinkite keptuvėje. Laikyti kambario temperatūroje hermetiškame inde iki 2 savaičių.

Vafliniai slapukai

Pizzelle

Padaro apie 2 dešimtis

Daugelis šeimų centrinėje ir pietų Italijoje didžiuojasi savo picelių lygintuvais – gražiai išdirbtomis formomis, kurios tradiciškai naudojamos gaminant šiuos gražius vaflius. Kai kuriuose lygintuvuose yra įspausti originalaus savininko inicialai, o kiti turi siluetus, pavyzdžiui, pora skrudina vienas kitą su taure vyno. Kadaise jie buvo tipiška vestuvių dovana.

Nors ir žavūs, šie senamadiški lygintuvai yra sunkūs ir nepatogūs šiuolaikinėse krosnyse. Elektrinis picerijų presas, panašus į vaflinę, efektyviai ir greitai iškepa šiuos sausainius.

Ką tik pagamintos picos yra lanksčios ir gali būti suformuotos į kūgio, vamzdelio ar puodelio formas. Juos galima užpildyti plakta grietinėle, ledais, cannoli kremu ar vaisiais. Jie greitai atvėsta ir traška, todėl formuodami juos turite dirbti greitai ir atsargiai. Žinoma, jie taip pat yra geri butai.

13/4 stiklinės nebalintų universalių miltų

1 arbatinis šaukštelis kepimo miltelių

Žiupsnelis druskos

3 dideli kiaušiniai

2/3 stiklinės cukraus

1 valgomasis šaukštas gryno vanilės ekstrakto

1 lazdelė (1/2 stiklinės) nesūdyto sviesto, ištirpinto ir atvėsinto

1. Įkaitinkite picų gamintoją pagal gamintojo nurodymus. Dubenyje sumaišykite miltus, kepimo miltelius ir druską.

2. Dideliame dubenyje suplakite kiaušinius, cukrų ir vanilę elektriniu plaktuvu vidutiniu greičiu iki tirštos ir lengvos masės, maždaug 4 minutes. Įmuškite sviestą. Sumaišykite sausus ingredientus, kol jie susimaišys, maždaug 1 minutę.

3. Į kiekvienos picos formos centrą įdėkite apie 1 šaukštą tešlos. (Tikslus kiekis priklausys nuo formos dizaino.) Uždarykite dangtelį ir kepkite iki šviesiai auksinės spalvos. Tai priklausys nuo gamintojo ir nuo to, kiek laiko buvo kaitinama forma. Atidžiai patikrinkite po 30 sekundžių.

4. Kai picos bus auksinės spalvos, medine arba plastikine mentele ištraukite jas nuo formelių. Leiskite atvėsti ant grotelių. Arba, norėdami pagaminti sausainių puodelius, sulenkite kiekvieną picą į plataus kavos ar deserto puodelio kreivę. Norėdami pagaminti kanolių kevalus, suformuokite juos aplink kanapių vamzdelius arba medinį kaištį.

5.Kai pica atvės ir bus traški, laikykite jas hermetiškame inde, kol paruošite naudoti. Tai trunka keletą savaičių.

Variacija: Anyžius: Vanilę pakeiskite 1 šaukštu anyžių ekstrakto ir 1 šaukštu anyžių sėklų. Apelsinas arba citrina: Į kiaušinių mišinį įpilkite 1 šaukštą tarkuotos šviežios apelsino arba citrinos žievelės. Romas arba migdolas: vietoj vanilės įmaišykite 1 šaukštą romo arba migdolų ekstrakto. Riešutas: įmaišykite 1/4 puodelio riešutų, sumaltų iki labai smulkių miltelių, kartu su miltais.

Saldūs Ravioli

Ravioli Dolci

Padaro 2 dešimtis

Uogienė užpildo šiuos traškius desertinius raviolius. Tiks bet koks skonis, jei tik bus tirštos konsistencijos, kad išliktų vietoje ir neišsiskverbtų iš tešlos kepant. Tai buvo mėgstamiausias mano tėvo receptas, kuris jį ištobulino iš prisiminimų apie mamos gamintus sausainius.

1 3/4 stiklinės universalių miltų

1/2 stiklinės bulvių arba kukurūzų krakmolo

1/2 arbatinio šaukštelio druskos

1/2 stiklinės (1 pagaliukas) nesūdyto sviesto, kambario temperatūros

1/2 stiklinės cukraus

1 didelis kiaušinis

2 šaukštai romo arba brendžio

1 arbatinis šaukštelis tarkuotos citrinos žievelės

1 arbatinis šaukštelis gryno vanilės ekstrakto

1 puodelis tirštos vyšnių, aviečių arba abrikosų uogienės

1. Dideliame dubenyje išsijokite miltus, krakmolą ir druską.

2. Dideliame dubenyje elektriniu plaktuvu išplakite sviestą su cukrumi iki šviesios ir purios masės, apie 2 minutes. Įmuškite kiaušinį, romą, žievelę ir vanilę. Mažu greičiu įmaišykite sausus ingredientus.

3. Padalinkite tešlą per pusę. Kiekvieną pusę suformuokite į diską. Kiekvieną atskirai suvyniokite į plastiką ir šaldykite nuo 1 valandos iki nakties.

4. Įkaitinkite orkaitę iki 350°F. Riebalais patepkite 2 dideles kepimo skardas.

5. Tešlą iškočiokite iki 1/8 colio storio. Tešlą supjaustykite rievėtomis tešlos arba makaronų pjaustyklėmis į 2 colių kvadratus. Išdėstykite kvadratus maždaug 1 colio atstumu vienas nuo kito ant paruoštų kepimo skardų. Į kiekvieno kvadrato centrą dėkite po 1/2 arbatinio šaukštelio uogienės. (Nenaudokite daugiau uogienės, nes įdaras kepdamas ištekės.)

6. Likusią tešlą iškočiokite iki 1/8 colio storio. Supjaustykite tešlą į 2 colių kvadratus.

7. Uogienę uždenkite tešlos kvadratėliais. Aplink kraštus suspauskite šakute, kad užsandarintumėte įdarą.

8. Kepkite 16–18 minučių arba kol švelniai paruduos. Paruoškite 2 vielinius aušinimo stovus.

9. Perkelkite kepimo skardas ant grotelių. Leiskite sausainiams 5 minutes atvėsti ant kepimo skardos, tada perkelkite ant grotelių, kad visiškai atvėstų. Pabarstykite konditeriniu cukrumi. Laikyti hermetiškame inde iki 1 savaitės.

„Bjauri, bet geri" slapukai

Brutti ma Buoni

Padaro 2 dešimtis

„Bjaurus, bet geras" – tai šių Pjemonto sausainių pavadinimo reikšmė. Pavadinimas tik pusiau tikras: Sausainiai nėra bjaurūs, bet geri. Šių gaminimo technika neįprasta. Sausainių tešla kepama puode prieš kepant.

3 dideli kiaušinių baltymai, kambario temperatūros

Žiupsnelis druskos

1 1/2 stiklinės cukraus

1 puodelis nesaldintos kakavos miltelių

1 1/4 puodelių lazdyno riešutų, skrudintų, nuluptų ir stambiai pjaustytų (žr. Kaip paskrudinti ir nulupti riešutus)

1. Įkaitinkite orkaitę iki 300°F. Riebalais patepkite 2 dideles kepimo skardas.

2. Dideliame dubenyje elektriniu plaktuvu vidutiniu greičiu išplakite kiaušinių baltymus ir druską iki putų. Padidinkite greitį

iki didelio ir palaipsniui įpilkite cukraus. Plakite, kol pakėlus plaktuvus susidarys minkštos smailės.

3. Mažu greičiu įmaišykite kakavą. Įmaišykite lazdyno riešutus.

4. Supilkite mišinį į didelį sunkų puodą. Virkite ant vidutinės ugnies, nuolat maišydami mediniu šaukštu, kol mišinys taps blizgus ir vientisas, apie 5 minutes. Būkite atsargūs, kad nesudegtų.

5. Karštą tešlą iškart šaukštais lašinkite ant paruoštų kepimo skardų. Kepkite 30 minučių arba tol, kol sutvirtės ir šiek tiek įtrūks paviršius.

6. Kol sausainiai vis dar karšti, plonu metaliniu mentele perkelkite juos ant grotelių, kad atvėstų. Laikyti hermetiškame inde iki 2 savaičių.

Jam Spots

Biscotti di Marmellata

Sudaro 40

Šokoladas, riešutai ir uogienė yra puikus šių skanių sausainių derinys. Jie visada mėgstami ant kalėdinių sausainių padėklų.

¾ stiklinės (1½ lazdelių) nesūdyto sviesto, kambario temperatūros

½ stiklinės cukraus

½ arbatinio šaukštelio druskos

3 uncijos kartaus saldaus šokolado, ištirpinto ir atvėsinto

2 puodeliai universalių miltų

¾ puodelio smulkiai pjaustytų migdolų

½ puodelio tirštos besėklių aviečių uogienės

1. Įkaitinkite orkaitę iki 350°F. Riebalais patepkite 2 dideles kepimo skardas.

2. Dideliame dubenyje elektriniu plaktuvu vidutiniu greičiu išplakite sviestą, cukrų ir druską iki šviesios ir purios masės,

maždaug 2 minutes. Supilkite ištirpintą šokoladą ir plakite, kol gerai susimaišys, nubraukdami dubens šonus. Įmaišykite miltus iki vientisos masės.

3. Riešutus sudėkite į negilų dubenį. Iš tešlos suformuokite 1 colio rutuliukus. Rutuliukus apvoliokite riešutuose, lengvai paspausdami, kad jie sukibtų. Ant paruoštų kepimo skardų dėkite rutuliukus maždaug 1 1/2 colių atstumu vienas nuo kito.

4. Medinio šaukšto kotelio galu įkiškite gilią skylutę kiekviename tešlos rutulyje, formuodami tešlą aplink rankeną, kad išlaikytumėte apvalią formą. Į kiekvieną sausainį įdėkite apie 1/4 arbatinio šaukštelio uogienės. (Daugiau uogienės nepilkite, nes ji gali išsilydyti ir ištekėti sausainiams kepant.)

5. Kepkite sausainius 18–20 minučių arba tol, kol uogienė pradės burbuliuoti ir sausainiai lengvai paruduos. Paruoškite 2 vielinius aušinimo stovus.

6. Perkelkite kepimo skardas ant grotelių. Leiskite sausainiams 5 minutes atvėsti ant kepimo skardos, tada perkelkite ant grotelių, kad visiškai atvėstų. Laikyti hermetiškame inde iki 2 savaičių.

Dvigubas šokoladinis riešutų biskvitas

Biscotti al Cioccolato

Padaro 4 tuzinus

Šių sočiųjų biscotti tešloje yra šokolado, tiek ištirpusio, tiek gabalėlių. Italijoje jų dar nemačiau, bet jie panašūs į tai, ką esu ragavęs čia esančiuose kavos baruose.

2 1/2 stiklinės universalių miltų

2 arbatinius šaukštelius kepimo miltelių

1/2 arbatinio šaukštelio druskos

3 dideli kiaušiniai, kambario temperatūros

1 puodelis cukraus

1 arbatinis šaukštelis gryno vanilės ekstrakto

6 uncijos kartaus saldaus šokolado, ištirpinto ir atvėsinto

6 šaukštai (1/2 lazdelės plius 2 šaukštai) nesūdyto sviesto, ištirpinto ir atvėsinto

1 stiklinė graikinių riešutų, stambiai pjaustytų

1 puodelis šokolado drožlių

1. Orkaitės centre padėkite lentyną. Įkaitinkite orkaitę iki 300°F. Riebalais ir miltais ištepkite 2 dideles kepimo skardas.

2. Dideliame dubenyje išsijokite miltus, kepimo miltelius ir druską.

3. Dideliame dubenyje elektriniu plaktuvu vidutiniu greičiu išplakite kiaušinius, cukrų ir vanilę iki putų ir šviesių, maždaug 2 minutes. Įmaišykite šokoladą ir sviestą, kol susimaišys. Suberkite miltų mišinį ir maišykite iki vientisos masės, dar apie 1 minutę. Įmaišykite riešutus ir šokolado drožles.

4. Padalinkite tešlą per pusę. Sudrėkintomis rankomis ant paruoštos kepimo skardos kiekvieną gabalėlį suformuokite į 12 × 3 colių rąstą. Kepkite 35 minutes arba tol, kol rąstai sutvirtės paspaudę centre. Išimkite keptuvę iš orkaitės, bet neišjunkite ugnies. Leiskite atvėsti 10 minučių.

5. Pastumkite rąstus ant pjaustymo lentos. Supjaustykite rąstus 1/2 colio storio griežinėliais. Išdėliokite riekeles ant kepimo skardos. Kepkite 10 minučių arba kol sausainiai lengvai apskrus.

6. Paruoškite 2 dideles vėsinimo lentynas. Perkelkite kepimo skardas ant grotelių. Leiskite sausainiams 5 minutes atvėsti ant

kepimo skardos, tada perkelkite ant grotelių, kad visiškai atvėstų. Laikyti hermetiškame inde iki 2 savaičių.

Šokoladiniai bučiniai

Baci di Cioccolato

Padaro 3 dešimtis

Šokolado ir vanilės „bučiniai" yra mėgstami Veronoje, Romeo ir Džuljetos namuose, kur jie gaminami įvairiais deriniais.

12/3 stiklinės universalių miltų

1/3 puodelio nesaldintos olandiško proceso kakavos miltelių, išsijotų

1/4 arbatinio šaukštelio druskos

1 puodelis (2 lazdelės) nesūdyto sviesto, kambario temperatūros

1/2 stiklinės konditerinio cukraus

1 arbatinis šaukštelis gryno vanilės ekstrakto

1/2 puodelio smulkiai pjaustytų skrudintų migdolų (žrKaip paskrudinti ir nulupti riešutus)

Užpildymas

2 uncijos pusiau saldaus arba kartaus saldaus šokolado, supjaustyto

2 šaukštai nesūdyto sviesto

⅓ stiklinės migdolų, paskrudintų ir smulkiai pjaustytų

1. Dideliame dubenyje išsijokite miltus, kakavą ir druską.

2. Dideliame dubenyje elektriniu plaktuvu vidutiniu greičiu išplakite sviestą ir cukrų iki šviesios ir purios masės, apie 2 minutes. Įmuškite vanilę. Įmaišykite sausus ingredientus ir migdolus, kol susimaišys, dar apie 1 minutę. Uždenkite plastiku ir šaldykite šaldytuve nuo 1 valandos iki nakties.

3. Įkaitinkite orkaitę iki 350°F. Paruoškite 2 neteptas kepimo skardas. Arbatinius šaukštelius tešlos iškočiokite į 3/4 colio rutuliukus. Sudėkite rutuliukus 1 colio atstumu vienas nuo kito ant kepimo skardų. Pirštais paspauskite rutuliukus, kad jie šiek tiek išsilygintų. Kepkite sausainius, kol jie sutvirtės, bet neparus, 10–12 minučių. Paruoškite 2 dideles vėsinimo lentynas.

4. Perkelkite kepimo skardas ant grotelių. Leiskite sausainiams 5 minutes atvėsti ant kepimo skardos, tada perkelkite ant grotelių, kad visiškai atvėstų.

5. Užvirinkite maždaug 2 colius vandens dvigubo katilo arba nedidelio puodo apačioje. Šokoladą ir sviestą sudėkite į viršutinę dvigubo katilo pusę arba į nedidelį karščiui atsparų dubenį, kuris patogiai telpa ant puodo. Padėkite dubenį ant verdančio

vandens. Palikite neuždengtą, kol šokoladas suminkštės. Išmaišykite iki vientisos masės. Įmaišykite migdolus.

6. Nedidelį kiekį įdaro mišinio užtepkite ant vieno sausainio dugno. Ant įdaro uždėkite antrą sausainį apačia žemyn ir lengvai suspauskite. Sausainius dėkite ant grotelių, kol sustings įdaras. Pakartokite su likusiais sausainiais ir įdaru. Laikyti sandariame inde šaldytuve iki 1 savaitės.

Šokoladas be kepimo "Salame"

Salame del Cioccolato

Padaro 32 sausainius

Traškūs šokoladiniai riešutų griežinėliai, kurių nereikia kepti, yra Pjemonto ypatybė. Jei pageidaujate, amaretti galima pakeisti kitais sausainiais, pavyzdžiui, vaniliniais ar šokoladiniais vafliais, graham krekeriais ar trapiais pyragais. Juos geriausia pasigaminti prieš kelias dienas, kad skoniai susimaišytų. Jei nenorite naudoti likerio, pakeiskite šaukštu apelsinų sulčių.

18 amaretti sausainių

⅓ stiklinės cukraus

⅓ stiklinės nesaldintos kakavos miltelių

½ stiklinės (1 pagaliukas) nesūdyto sviesto, suminkštinto

1 valgomasis šaukštas grapos arba romo

⅓ stiklinės kapotų graikinių riešutų

1. Sudėkite sausainius į plastikinį maišelį. Sausainius sutrupinkite kočėlu ar sunkiu daiktu. Turėtų būti apie 3/4 stiklinės trupinių.

2.Sudėkite trupinius į didelį dubenį. Mediniu šaukštu įmaišykite cukrų ir kakavą. Sudėkite sviestą ir grapą. Maišykite, kol sausi ingredientai sudrėkins ir susimaišys. Įmaišykite graikinius riešutus.

3.Ant lygaus paviršiaus uždėkite 14 colių plastikinės plėvelės lakštą. Tešlos mišinį supilkite ant plastikinės plėvelės. Iš tešlos suformuokite 8 × 21/2 colio rąstą. Susukite rąstą į plastikinę plėvelę, užlenkite galus, kad jis visiškai uždengtų. Rąstą laikykite šaldytuve mažiausiai 24 valandas ir iki 3 dienų.

4.Rąstą supjaustykite 1/4 colio storio griežinėliais. Patiekite atšaldytą. Sausainius laikykite sandariame plastikiniame inde šaldytuve iki 2 savaičių.

Prato sausainiai

Biscotti di Prato

Padaro apie 4 1/2 tuziną

Prato mieste Toskanoje tai yra klasikiniai biscotti, kuriuos galima pamirkyti į vin santo – puikų šio regiono desertinį vyną. Valgomi paprasti, jie yra gana sausi, todėl pasirūpinkite gėrimu joms užgerti.

2 1/2 stiklinės universalių miltų

1 1/2 arbatinių šaukštelių kepimo miltelių

1 arbatinis šaukštelis druskos

4 dideli kiaušiniai

3/4 stiklinės cukraus

1 arbatinis šaukštelis tarkuotos citrinos žievelės

1 arbatinis šaukštelis tarkuotos apelsino žievelės

1 arbatinis šaukštelis gryno vanilės ekstrakto

1 puodelis skrudintų migdolų (žrKaip paskrudinti ir nulupti riešutus)

1. Orkaitės centre padėkite lentyną. Įkaitinkite orkaitę iki 325 ° F. Riebalais ir miltais ištepkite didelę kepimo skardą.

2. Vidutiniame dubenyje išsijokite miltus, kepimo miltelius ir druską.

3. Dideliame dubenyje elektriniu plakikliu išplakite kiaušinius ir cukrų vidutiniu greičiu iki šviesių ir putų, maždaug 3 minutes. Įmuškite citrinos ir apelsino žieveles bei vanilę. Mažu greičiu įmaišykite sausus ingredientus, tada įmaišykite migdolus.

4. Lengvai sudrėkinkite rankas. Iš tešlos suformuokite du 14 × 2 colių rąstus. Padėkite rąstus ant paruoštos kepimo skardos kelių colių atstumu vienas nuo kito. Kepkite 30 minučių arba kol taps tvirti ir auksinės spalvos.

5. Išimkite kepimo skardą iš orkaitės ir sumažinkite orkaitės šilumą iki 300 ° F. Palikite rąstus atvėsti ant kepimo skardos 20 minučių.

6. Pastumkite rąstus ant pjaustymo lentos. Dideliu sunkiu šefo peiliu supjaustykite rąstus įstrižai 1/2 colio storio griežinėliais. Išdėliokite riekeles ant kepimo skardos. Kepkite 20 minučių arba iki švelniai auksinės spalvos.

7. Perkelkite sausainius ant grotelių, kad atvėstų. Laikyti hermetiškame inde.

Umbrijos vaisių ir riešutų biscotti

Tozzetti

Sudaro 80

Pagaminti be riebalų, šie sausainiai ilgai išsilaiko sandariame inde. Skonis iš tikrųjų pagerėja, todėl planuokite juos gaminti keletą dienų prieš patiekiant.

3 puodeliai universalių miltų

½ stiklinės kukurūzų krakmolo

2 arbatinius šaukštelius kepimo miltelių

3 dideli kiaušiniai

3 kiaušinių tryniai

2 šaukštai Marsala, vin santo arba šerio

1 puodelis cukraus

1 puodelis razinų

1 puodelis migdolų

¼ puodelio susmulkintos cukruotos apelsino žievelės

¼ puodelio susmulkintos cukruotos citrinos

1 arbatinis šaukštelis anyžių sėklų

1. Įkaitinkite orkaitę iki 350°F. Riebalais patepkite 2 dideles kepimo skardas.

2. Vidutiniame dubenyje išsijokite miltus, kukurūzų krakmolą ir kepimo miltelius.

3. Dideliame dubenyje elektriniu plaktuvu suplakite kiaušinius, trynius ir Marsalą. Įpilkite cukraus ir plakite, kol gerai susimaišys, maždaug 3 minutes. Įmaišykite sausus ingredientus, razinas, migdolus, žievelę, citrinos ir anyžių sėklas, kol sumaišysite. Tešla bus kieta. Jei reikia, išverskite tešlą ant stalviršio ir minkykite, kol susimaišys.

4. Padalinkite tešlą į ketvirčius. Sudrėkinkite rankas vėsiu vandeniu ir kiekvieną ketvirtį suformuokite į 10 colių rąstą. Padėkite rąstus 2 colių atstumu vienas nuo kito ant paruoštų kepimo skardų.

5. Kepkite rąstus 20 minučių arba tol, kol paspaudę centrą jie taps tvirti, o kraštai taps auksinės spalvos. Išimkite rąstus iš orkaitės, bet palikite orkaitę įjungtą. Palikite rąstus 5 minutes atvėsti ant kepimo skardos.

6. Pastumkite rąstus ant pjaustymo lentos. Dideliu šefo peiliu supjaustykite juos 1/2 colio storio griežinėliais. Sudėkite riekeles ant kepimo skardos ir kepkite 10 minučių arba kol lengvai apskrus.

7. Paruoškite 2 dideles vėsinimo lentynas. Perkelkite sausainius ant grotelių. Leiskite visiškai atvėsti. Laikyti hermetiškame inde iki 2 savaičių.

Citrinų riešutų biskvitas

Biscotti al Limone

Sudaro 48

Šiuos biscotti pagardina citrina ir migdolai.

1½ stiklinės universalių miltų

1 arbatinis šaukštelis kepimo miltelių

¼ arbatinio šaukštelio druskos

½ stiklinės (1 pagaliukas) nesūdyto sviesto, kambario temperatūros

½ stiklinės cukraus

2 dideli kiaušiniai, kambario temperatūros

2 arbatiniai šaukšteliai šviežiai tarkuotos citrinos žievelės

1 puodelis skrudintų migdolų, stambiai pjaustytų

1. Orkaitės centre padėkite lentyną. Įkaitinkite orkaitę iki 350°F. Riebalais ir miltais ištepkite didelę kepimo skardą.

2. Į dubenį išsijokite miltus, kepimo miltelius ir druską.

3. Dideliame dubenyje elektriniu plaktuvu išplakite sviestą ir cukrų iki šviesios ir purios masės, apie 2 minutes. Po vieną įmuškite kiaušinius. Suberkite citrinos žievelę, dubenėlio vidų nubraukite gumine mentele. Palaipsniui įmaišykite miltų mišinį ir riešutus, kol susimaišys.

4. Padalinkite tešlą per pusę. Sudrėkintomis rankomis ant paruoštos kepimo skardos kiekvieną gabalėlį suformuokite į 12 × 2 colių rąstą. Kepkite 20 minučių arba tol, kol rąstai švelniai paruduos ir sutvirtės paspaudus centre. Išimkite keptuvę iš orkaitės, bet neišjunkite ugnies. Palikite rąstus 10 minučių atvėsti ant kepimo skardos.

5. Pastumkite rąstus ant pjaustymo lentos. Supjaustykite rąstus 1/2 colio storio griežinėliais. Sudėkite griežinėlius ant kepimo skardos. Kepkite 10 minučių arba kol sausainiai lengvai apskrus.

6. Paruoškite 2 dideles vėsinimo lentynas. Perkelkite sausainius ant grotelių. Leiskite visiškai atvėsti. Laikyti hermetiškame inde iki 2 savaičių.

Graikinių riešutų biskvitai

Biscotti di Noce

Sudaro apie 80

Alyvuogių aliejus gali būti naudojamas kepiniams pagal įvairius receptus. Naudokite švelnaus skonio ypač tyrą alyvuogių aliejų. Jis papildo daugelio rūšių riešutus ir citrusinius vaisius. Štai sausainių receptas, kurį sukūriau „Washington Post" straipsniui apie kepimą su alyvuogių aliejumi.

2 puodeliai universalių miltų

1 arbatinis šaukštelis kepimo miltelių

1 arbatinis šaukštelis druskos

2 dideli kiaušiniai, kambario temperatūros

2/3 stiklinės cukraus

1/2 puodelio aukščiausios kokybės pirmojo spaudimo alyvuogių aliejaus

1/2 arbatinio šaukštelio tarkuotos citrinos žievelės

2 puodeliai skrudintų graikinių riešutų (žrKaip paskrudinti ir nulupti riešutus)

1. Įkaitinkite orkaitę iki 325 ° F. Riebalais patepkite 2 dideles kepimo skardas.

2. Dideliame dubenyje sumaišykite miltus, kepimo miltelius ir druską.

3. Kitame dideliame dubenyje išplakite kiaušinius, cukrų, aliejų ir citrinos žievelę, kol gerai susimaišys. Mediniu šaukštu įmaišykite sausus ingredientus, kol susimaišys. Įmaišykite graikinius riešutus.

4. Padalinkite tešlą į keturias dalis. Suformuokite gabalėlius į 12 × 11/2 colių rąstus, dėdami juos kelių colių atstumu vienas nuo kito ant paruoštų kepimo skardų. Kepkite nuo 20 iki 25 minučių arba kol švelniai apskrus. Išimkite iš orkaitės, bet neišjunkite. Leiskite sausainiams atvėsti ant kepimo skardos 10 minučių.

5. Pastumkite rąstus ant pjaustymo lentos. Dideliu sunkiu peiliu supjaustykite rąstus įstrižai 1/2 colio griežinėliais. Išdėliokite riekeles ant kepimo skardos ir grąžinkite lakštus į orkaitę. Kepkite 10 minučių arba kol apskrus ir auksinės spalvos.

6. Paruoškite 2 dideles vėsinimo lentynas. Perkelkite sausainius ant grotelių. Leiskite visiškai atvėsti. Laikyti hermetiškame inde iki 2 savaičių.

Migdolų makaronai

Amaretti

Padaro 3 dešimtis

Pietų Italijoje jie gaminami malant tiek saldžiuosius, tiek karčiuosius migdolus. Kartieji migdolai, kilę iš tam tikros migdolų veislės, Jungtinėse Amerikos Valstijose neparduodami. Jie turi kvapųjį komponentą, panašų į cianidą, mirtiną nuodą, todėl jie nėra patvirtinti komerciniam naudojimui. Arčiausiai teisingo skonio galime pasiekti komercinę migdolų pasta ir šiek tiek migdolų ekstrakto. Nepainiokite migdolų pastos su marcipanu, kuris yra panašus, bet turi didesnį cukraus kiekį. Pirkite migdolų pastą, parduodamą skardinėse, kad gautumėte geriausią skonį. Jei nerandate, kreipkitės į vietinę kepyklą, kad sužinotumėte, ar jie jums parduos.

Šie sausainiai prilimpa, todėl aš juos kepu ant nelipnių kepimo kilimėlių, žinomų kaip Silpat. Kilimėlių niekada nereikia tepti, juos lengva valyti ir daugkartinio naudojimo. Jų galite rasti gerose virtuvės reikmenų parduotuvėse. Jei kilimėlių neturite, kepimo formas galima iškloti pergamentiniu popieriumi arba aliuminio folija.

1 (8 uncijos) skardinė migdolų pastos, sutrupinta

1 puodelis cukraus

2 dideli kiaušinių baltymai, kambario temperatūros

¼ arbatinio šaukštelio migdolų ekstrakto

36 cukatos vyšnios arba sveiki migdolai

1.Įkaitinkite orkaitę iki 350°F. 2 dideles kepimo skardas išklokite pergamentiniu popieriumi arba aliuminio folija.

2.Migdolų pastą sutrupinkite į didelį dubenį. Elektriniu plaktuvu mažu greičiu plakite cukrų, kol susimaišys. Sudėkite kiaušinių baltymus ir migdolų ekstraktą. Padidinkite greitį iki vidutinio ir plakite iki labai vientisos masės, maždaug 3 minutes.

3.Suimkite 1 valgomąjį šaukštą tešlos ir lengvai susukite į rutulį. Jei reikia, sudrėkinkite pirštų galiukus vėsiu vandeniu, kad nepriliptų. Sudėkite rutuliukus maždaug vieno colio atstumu vienas nuo kito ant paruoštos kepimo skardos. Į tešlos viršų įspauskite vyšnią arba migdolą.

4.Kepkite 18–20 minučių arba tol, kol sausainiai lengvai paruduos. Leiskite trumpam atvėsti ant kepimo skardos.

5. Plona metaline mentele perkelkite sausainius ant grotelių, kad visiškai atvėstų. Sausainius laikykite sandariuose induose. (Jei norite šiuos sausainius laikyti ilgiau nei dieną ar dvi, užšaldykite, kad išlaikytumėte minkštą tekstūrą. Juos galima valgyti tiesiai iš šaldiklio.)

Pušies riešutų makaronai

Biscotti di Pinoli

Sudaro 40

Per daugelį metų sukūriau daugybę šių sausainių variantų. Ši versija yra mano mėgstamiausia, nes ji gaminama su migdolų pasta ir maltais migdolais, kad pagerintų skonį ir tekstūrą, ir turi sodrų skrudintų pušies riešutų (pignoli) skonį.

1 (8 uncijos) skardinė migdolų pastos

⅓ puodelio smulkiai maltų blanširuotų migdolų

2 dideli kiaušinių baltymai

1 puodelis konditerinio cukraus ir dar daugiau dekoravimui

2 puodeliai pušies riešutų arba susmulkintų migdolų

1. Orkaitės centre padėkite lentyną. Įkaitinkite orkaitę iki 350°F. Didelę kepimo skardą ištepkite riebalais.

2. Dideliame dubenyje sutrupinkite migdolų pastą. Elektriniu plaktuvu vidutiniu greičiu išplakite migdolus, kiaušinių baltymus ir 1 puodelį konditerinio cukraus iki vientisos masės.

3. Išgriebkite šaukštą tešlos. Tešlą apvoliokite pušies riešutuose, visiškai uždenkite ir suformuokite rutulį. Padėkite rutulį ant paruoštos kepimo skardos. Pakartokite su likusiais ingredientais, padėkite rutulius maždaug 1 colio atstumu vienas nuo kito.

4. Kepkite nuo 18 iki 20 minučių arba kol lengvai paruduos. Kepimo skardą padėkite ant aušinimo grotelių. Leiskite sausainiams atvėsti 2 minutes ant kepimo skardos.

5. Perkelkite sausainius ant grotelių, kad visiškai atvėstų. Pabarstykite konditeriniu cukrumi. Laikyti sandariame inde šaldytuve iki 1 savaitės.

Lazdyno riešutų batonėliai

Nocciolate

Padaro 6 dešimtis

Šie švelnūs, trapūs batonėliai yra supakuoti su riešutais. Jie vos laikosi kartu ir tirpsta burnoje. Patiekite juos su šokoladiniais ledais.

2 1/3 stiklinės universalių miltų

1 1/2 stiklinės nuluptų, skrudintų lazdyno riešutų, smulkiai pjaustytų (žr. Kaip paskrudinti ir nulupti riešutus)

1 1/2 stiklinės cukraus

1/2 arbatinio šaukštelio druskos

1 puodelis (2 pagaliukai) nesūdyto sviesto, ištirpinto ir atvėsinto

1 didelis kiaušinis plius 1 kiaušinio trynys, išplakti

1. Orkaitės centre padėkite lentyną. Įkaitinkite orkaitę iki 350°F. Sutepkite 15 × 10 × 1 colio želė suktinuką.

2. Dideliame dubenyje mediniu šaukštu sumaišykite miltus, riešutus, cukrų ir druską. Įdėkite sviestą ir maišykite, kol tolygiai

sudrėkins. Įdėkite kiaušinius. Maišykite, kol gerai susimaišys ir mišinys laikysis kartu.

3. Supilkite mišinį į paruoštą keptuvę. Tvirtai išspauskite jį į lygų sluoksnį.

4. Kepkite 30 minučių arba iki auksinės rudos spalvos. Kol dar karšta, supjaustykite 2 × 1 colio stačiakampiais.

5. Leiskite 10 minučių atvėsti keptuvėje. Perkelkite sausainius į dideles lentynas, kad visiškai atvėstų.

Graikinių riešutų sviesto sausainiai

Biscotti di Noce

Padaro 5 dešimtys

Riešutiniai ir sviestiniai – šie pusmėnulio formos sausainiai iš Pjemonto puikiai tiks Kalėdoms. Nors jie dažnai gaminami su lazdyno riešutais, aš mėgstu naudoti graikinius riešutus. Taip pat galima pakeisti migdolus.

Šie sausainiai gali būti visiškai pagaminti virtuvės kombainu. Jei neturite, susmulkinkite riešutus ir cukrų trintuvu arba riešutų smulkintuvu, tada rankomis įmaišykite likusius ingredientus.

1 puodelis graikinių riešutų gabalėlių

⅓ stiklinės cukraus ir dar 1 stiklinė sausainiams apvolioti

2 puodeliai universalių miltų

1 puodelis (2 lazdelės) nesūdyto sviesto, kambario temperatūros

1. Įkaitinkite orkaitę iki 350°F. Riebalais ir miltais ištepkite 2 dideles kepimo skardas.

2. Virtuvės kombainu sumaišykite graikinius riešutus ir cukrų. Apdorokite, kol riešutai bus smulkiai sukapoti. Suberkite miltus ir maišykite, kol susimaišys.

3. Po truputį dėkite sviestą ir plakite, kad susimaišytų. Išimkite tešlą iš indo ir suspauskite rankomis.

4. Likusį 1 puodelį cukraus supilkite į negilų dubenį. Nuimkite graikinio riešuto dydžio tešlos gabalėlį ir suformuokite rutulį. Suformuokite rutulį į pusmėnulį, susiaurindami galus. Švelniai apvoliokite pusmėnulį cukruje. Pusmėnulį padėkite ant paruoštos kepimo skardos. Pakartokite su likusia tešla ir cukrumi, kiekvieną sausainį dėkite maždaug 1 colio atstumu.

5. Kepkite 15 minučių arba kol švelniai apskrus. Padėkite kepimo skardas ant grotelių, kad atvėstų 5 minutes.

6. Perkelkite sausainius ant grotelių, kad visiškai atvėstų. Laikyti hermetiškame inde iki 2 savaičių.

Vaivorykštės slapukai

Biscotti Tricolori

Padaro apie 4 dešimtis

Nors niekada jų nemačiau Italijoje, šie „vaivorykštiniai" arba trispalviai sausainiai su šokoladiniu glaistu yra mėgstami italų ir kitose kepyklėlėse Jungtinėse Valstijose. Deja, jie dažnai būna ryškios spalvos ir gali būti sausi bei beskoniai.

Išbandykite šį receptą ir pamatysite, kokie geri gali būti šie sausainiai. Juos gaminti šiek tiek sudėtinga, tačiau rezultatai yra labai gražūs ir skanūs. Jei nenorite naudoti maistinių dažiklių, sausainiai vis tiek bus patrauklūs. Patogumui geriausia turėti tris vienodas kepimo formas. Tačiau vis tiek galite gaminti sausainius tik vienoje keptuvėje, jei vienu metu kepate vieną tešlos partiją. Užbaigti sausainiai gerai laikosi šaldytuve.

8 uncijos migdolų pasta

1 1/2 stiklinės (3 lazdelės) nesūdyto sviesto

1 puodelis cukraus

4 dideli kiaušiniai, atskirti

¼ arbatinio šaukštelio druskos

2 puodeliai nebalintų universalių miltų

10 lašų raudonų maistinių dažų arba pagal skonį (nebūtina)

10 lašų žalių maistinių dažų arba pagal skonį (nebūtina)

½ stiklinės abrikosų konservų

½ puodelio aviečių uogienės be sėklų

1 (6 uncijos) pakuotė pusiau saldaus šokolado drožlių

1. Įkaitinkite orkaitę iki 350°F. Tris identiškas 13 × 9 × 2 colių kepimo skardas ištepkite riebalais. Keptuves išklokite vaško popieriumi ir sutepkite popierių.

2. Migdolų pastą sutrupinkite į didelį maišytuvo dubenį. Įpilkite sviesto, 1/2 puodelio cukraus, kiaušinių trynius ir druską. Plakite iki šviesios ir purios masės. Įmaišykite miltus, kol jie susimaišys.

3. Kitame dideliame dubenyje švariais plaktuvais vidutiniu greičiu išplakite kiaušinių baltymus iki putų. Palaipsniui supilkite likusį cukrų. Padidinkite greitį iki didelio. Tęskite plakimą, kol pakėlus plakiklius, kiaušinių baltymai suformuos minkštas smailes.

4.Gumine mentele supilkite 1/3 baltymų į trynių mišinį, kad jis pašviesėtų. Palaipsniui įmaišykite likusius baltymus.

5.Supilkite 1/3 tešlos į vieną dubenį, kitą 1/3 į kitą dubenį. Jei naudojate maistinius dažus, sulenkite raudoną į vieną dubenį, o žalią į kitą.

6.Kiekvieną dubenį tešlos paskleiskite į atskirą paruoštą skardą, tolygiai išlyginkite mentele. Kepkite sluoksnius 10–12 minučių, kol pyragas sustings, o kraštai taps labai šviesūs. Leiskite atvėsti keptuvėje 5 minutes, tada kelkite sluoksnius ant vėsinimo grotelių, palikdami vaško popierių. Leiskite visiškai atvėsti.

7.Popieriumi pakelkite vieną sluoksnį, apverskite pyragą ir padėkite jį popierine puse į viršų ant didelio padėklo. Atsargiai nulupkite popierių. Užtepkite plonu aviečių uogienės sluoksniu.

8.Uždėkite antrą sluoksnį popieriaus puse į viršų ant pirmojo. Nuimkite popierių ir pyragą aptepkite abrikosų uogiene.

9.Ant viršaus uždėkite likusį sluoksnį popierine puse į viršų. Nulupkite popierių. Naudodami didelį sunkų peilį ir liniuotę, apkarpykite pyrago kraštus, kad sluoksniai būtų tiesūs ir lygūs.

10.Užvirinkite maždaug 2 colius vandens dvigubo katilo arba nedidelio puodo apačioje. Šokolado drožles sudėkite į viršutinę dvigubo katilo pusę arba į nedidelį karščiui atsparų dubenį, kuris patogiai telpa ant puodo. Padėkite dubenį ant verdančio vandens. Palikite neuždengtą, kol šokoladas suminkštės. Išmaišykite iki vientisos masės. Ant pyrago sluoksnių užpilkite ištirpintą šokoladą ir mentele ištepkite jį lygiai. Šaldykite, kol šokoladas tik pradės stingti, maždaug 30 minučių. (Neleiskite, kad jis per daug sukietėtų, nes pjaunant jis įtrūks.)

11. Išimkite pyragą iš šaldytuvo. Naudodami liniuotę ar kitą tiesią briauną, perpjaukite pyragą išilgai į 6 juosteles, pirmiausia perpjaudami į trečdalius, o po to kiekvieną trečdalį perpjaukite per pusę. Supjaustykite skersai į 5 juosteles. Supjaustytą pyragą atšaldykite keptuvėje šaldytuve, kol šokoladas sutvirtės. Patiekite arba perkelkite sausainius į sandarų indą ir laikykite šaldytuve. Šie gerai išsilaiko keletą savaičių.

Kalėdiniai figų sausainiai

Cuccidati

Padaro 18 didelių sausainių

Neįsivaizduoju Kalėdų be šių sausainių. Daugeliui siciliečių jų gamyba yra šeimos projektas. Moterys maišo ir kočioja tešlą, o vyrai smulkina ir sumala įdaro ingredientus. Vaikai puošia užpildytus sausainius. Jie tradiciškai supjaustomi į daugybę išgalvotų formų, panašių į paukščius, lapus ar gėles. Kai kurios šeimos jų gamina dešimtis, kad padovanotų draugams ir kaimynams.

Tešla

2 1/2 stiklinės universalių miltų

1/3 stiklinės cukraus

2 arbatinius šaukštelius kepimo miltelių

1/2 arbatinio šaukštelio druskos

6 šaukštai nesūdyto sviesto

2 dideli kiaušiniai, kambario temperatūros

1 arbatinis šaukštelis gryno vanilės ekstrakto

Užpildymas

2 puodeliai drėgnų džiovintų figų, nuimti stiebai

½ stiklinės razinų

1 puodelis graikinių riešutų, paskrudintų ir susmulkintų

½ puodelio susmulkinto pusiau saldaus šokolado (apie 2 uncijos)

⅓ stiklinės medaus

¼ puodelio apelsinų sulčių

1 arbatinis šaukštelis apelsino žievelės

1 arbatinis šaukštelis malto cinamono

⅛ arbatinio šaukštelio maltų gvazdikėlių

Surinkimas

1 kiaušinio trynys išplaktas su 1 arbatiniu šaukšteliu vandens

Spalvoti saldainių pabarstukai

1. Paruoškite tešlą: dideliame dubenyje sumaišykite miltus, cukrų, kepimo miltelius ir druską. Elektriniu plaktuvu arba

konditeriniu trintuvu supjaustykite sviestą, kol mišinys taps panašus į stambius trupinius.

2.Dubenyje išplakti kiaušinius ir vanilę. Į sausus ingredientus įmuškite kiaušinius, mediniu šaukštu maišykite, kol tešla tolygiai sudrėkins. Jei tešla per sausa, po kelis lašus įmaišykite šiek tiek šalto vandens.

3.Surinkite tešlą į rutulį ir padėkite ant plastikinės plėvelės lakšto. Išlyginkite jį į diską ir gerai suvyniokite. Šaldykite bent 1 valandą arba per naktį.

4.Paruoškite įdarą: virtuviniu kombainu arba mėsmale susmulkinkite figas, razinas ir riešutus, kol stambiai susmulkinsite. Įmaišykite likusius ingredientus. Uždenkite ir šaldykite, jei nepanaudosite per valandą.

5.Norėdami surinkti kepinius, įkaitinkite orkaitę iki 375 ° F. Dvi dideles kepimo skardas ištepkite riebalais.

6.Tešlą supjaustykite į 6 dalis. Ant lengvai miltais pabarstyto paviršiaus kiekvieną gabalėlį susukite į maždaug 4 colių ilgio rąstą.

7.Miltais pabarstytu kočėlu susukite vieną rąstą į 9 × 5 colių stačiakampį. Apkarpykite kraštus.

8. Šaukštu 3/4 colių įdaro juostelę išilgai šiek tiek į vieną iškočiotos tešlos centro pusę. Vieną ilgąją tešlos kraštą užlenkite ant kitos ir kraštus suspauskite, kad sustingtų. Užpildytą tešlą perpjaukite skersai į 3 lygias dalis.

9. Aštriu peiliu įdarą ir tešlą išpjaukite 3/4 colio ilgio plyšius 1/2 colio intervalais. Šiek tiek palenkdami juos, kad atsidarytų plyšiai ir atsirastų figų įdaras, ant kepimo skardos dėkite pyragaičius vieno colio atstumu vienas nuo kito.

10. Aptepkite tešlą kiaušinių plakiniu. Jei norite, apibarstykite saldainių pabarstukais. Pakartokite su likusiais ingredientais.

11. Kepkite sausainius nuo 20 iki 25 minučių arba iki auksinės rudos spalvos.

12. Sausainius atvėsinkite ant grotelių. Laikyti hermetiškame inde šaldytuve iki 1 mėnesio.

Migdolų trapumas

Croccante arba Torrone

Padaro nuo 10 iki 12 porcijų

Siciliečiai šiuos saldumynus gamina su pušies riešutais, pistacijomis ar sezamo sėklomis vietoje migdolų. Citrina puikiai tinka karštam sirupui išlyginti.

Daržovių aliejus

2 puodeliai cukraus

¼ stiklinės medaus

2 puodeliai migdolų (10 uncijų)

1 visa citrina, nuplaunama ir išdžiovinta

1. Marmurinį paviršių arba metalinę kepimo skardą sutepkite neutralaus skonio augaliniu aliejumi.

2. Vidutiniame puode sumaišykite cukrų ir medų. Virkite ant vidutinės-mažos ugnies, retkarčiais pamaišydami, kol cukrus pradės tirpti, maždaug 20 minučių. Užvirkite ir nemaišydami virkite dar 5 minutes arba tol, kol sirupas taps skaidrus.

3. Suberkite riešutus ir virkite, kol sirupas taps gintaro spalvos, apie 3 minutes. Karštą sirupą atsargiai užpilkite ant paruošto paviršiaus, naudodami citriną išlyginkite riešutus iki vieno sluoksnio. Leiskite visiškai atvėsti. Kai trapus atvės ir kietas, po maždaug 30 minučių pastumkite po juo ploną metalinę mentelę. Pakelkite trapią ir sulaužykite į 11/2 colio gabalus. Laikyti sandariuose induose kambario temperatūroje.

Sicilijos riešutų suktinukai

Mostaccioli

Padaro 64 sausainius

Kažkada šie sausainiai buvo gaminami su mosto cotto, koncentruotomis vyninių vynuogių sultimis. Šiandienos virėjai naudoja medų.

Tešla

3 puodeliai universalių miltų

½ stiklinės cukraus

1 arbatinis šaukštelis druskos

½ puodelio patrumpinimo

4 šaukštai (1/2 lazdelės) nesūdyto sviesto, kambario temperatūros

2 dideli kiaušiniai

2-3 šaukštai šalto pieno

Užpildymas

1 puodelis skrudintų migdolų

1 puodelis skrudintų graikinių riešutų

½ puodelio skrudintų ir nuluptų lazdyno riešutų

¼ stiklinės cukraus

¼ stiklinės medaus

2 arbatiniai šaukšteliai apelsino žievelės

¼ arbatinio šaukštelio malto cinamono

Konditerinis cukrus

1. Dideliame dubenyje sumaišykite miltus, cukrų ir druską. Supjaustykite patrumpinimą ir sviestą, kol mišinys taps panašus į stambius trupinius.

2. Nedideliame dubenyje išplakite kiaušinius su dviem šaukštais pieno. Supilkite mišinį į sausus ingredientus, maišykite, kol tešla tolygiai sudrėkins. Jei reikia, įmaišykite dar šiek tiek pieno.

3. Surinkite tešlą į rutulį ir padėkite ant plastikinės plėvelės lakšto. Išlyginkite jį į diską ir gerai suvyniokite. Šaldykite nuo 1 valandos iki nakties.

4. Riešutus ir cukrų apdorokite virtuviniu kombainu. Apdorokite, kol viskas bus gerai. Įpilkite medaus, žievelės ir cinamono ir

maišykite, kol susimaišys. Įkaitinkite orkaitę iki 350°F. Riebalais patepkite 2 dideles kepimo skardas.

5. Padalinkite tešlą į 4 dalis. Iškočiokite vieną gabalą tarp dviejų plastikinės plėvelės lakštų, kad susidarytumėte šiek tiek didesnį nei 8 colių kvadratą. Nupjaukite kraštus ir supjaustykite tešlą į 2 colių kvadratus. Vienoje kvadrato pusėje dėkite po kupiną arbatinį šaukštelį įdaro. Susukite tešlą, kad pilnai uždengtumėte įdarą. Dėkite ant kepimo skardos siūle žemyn. Pakartokite su likusia tešla ir įdaru, padėkite sausainius 1 colio atstumu vienas nuo kito.

6. Kepkite 18 minučių arba kol sausainiai lengvai paruduos. Perkelkite sausainius ant grotelių, kad atvėstų. Sandariai uždarytoje talpykloje laikyti iki 2 savaičių. Prieš patiekdami apibarstykite konditeriniu cukrumi.

Biskvitinis tortas

Pan di Spagna

Padaro du 8 arba 9 colių sluoksnius

Šis klasikinis ir universalus itališkas biskvitas puikiai tinka su įdarais, tokiais kaip vaisių konservai, plakta grietinėlė, konditerijos kremas, ledai ar rikotos kremas. Tortas taip pat gerai užšąla, todėl patogu turėti po ranka greitiems desertams.

Sviestas keptuvėms

6 dideli kiaušiniai, kambario temperatūros

2/3 stiklinės cukraus

1 1/2 arbatinių šaukštelių gryno vanilės ekstrakto

1 puodelis išsijotų universalių miltų

1. Padėkite lentyną orkaitės centre. Įkaitinkite orkaitę iki 375 ° F. Sviestu ištepkite dvi 8 arba 9 colių sluoksnių pyrago formas. Keptuvių dugną išklokite vaškuoto popieriaus arba pergamentinio popieriaus apskritimais. Sviestu patepkite popierių. Keptuves apibarstykite miltais ir ištrinkite perteklių.

2. Dideliame dubenyje su elektriniu plaktuvu pradėkite plakti kiaušinius mažu greičiu. Lėtai supilkite cukrų, palaipsniui didindami maišytuvo greitį iki didelio. Įpilkite vanilės. Plakite kiaušinius iki tirštos ir šviesiai geltonos spalvos, maždaug 7 minutes.

3. Miltus suberkite į smulkaus tinklelio sietelį. Ant kiaušinių mišinio sukrėskite maždaug trečdalį miltų. Palaipsniui ir labai švelniai gumine mentele suberkite miltus. Pakartokite, 2 kartus suberkite miltus ir sulenkite, kol neliks dryžių.

4. Paruoštose formelėse tolygiai paskirstykite tešlą. Kepkite 20–25 minutes arba tol, kol pyragaičiai atsigaus, kai juos lengvai paspaudžiate centre, o viršus lengvai paruduos. Paruoškite 2 vėsinimo lentynas. Atvėsinkite pyragus 10 minučių keptuvėse ant grotelių.

5. Apverskite pyragus ant grotelių ir išimkite keptuves. Atsargiai nulupkite popierių. Leiskite visiškai atvėsti. Patiekite iš karto arba uždenkite apverstu dubeniu ir laikykite kambario temperatūroje iki 2 dienų.

Citrusinis biskvitas

Torta di Agrumi

Tarnauja nuo 10 iki 12

Alyvuogių aliejus suteikia šiam pyragui išskirtinį skonį ir tekstūrą. Naudokite švelnų alyvuogių aliejų, kitaip skonis gali būti įkyrus. Kadangi jame nėra sviesto, pieno ar kitų pieno produktų, šis pyragas tinka žmonėms, kurie negali valgyti tokio maisto.

Tai didelis pyragas, nors ir labai lengvas ir erdvus. Norėdami jį iškepti, jums reikės 10 colių vamzdžio keptuvės su nuimamu dugnu – tokios, kokia naudojama angelų pyragams.

Šio didelio pyrago kiaušinių baltymus stabilizuoti padeda šiek tiek grietinėlės tartaro, esančio daugumos prekybos centrų prieskonių skyriuje.

2 1/4 stiklinės paprastų pyrago miltų (nekyla savaime)

1 valgomasis šaukštas kepimo miltelių

1 arbatinis šaukštelis druskos

6 dideli kiaušiniai, atskirti, kambario temperatūros

1¼ stiklinės cukraus

1½ arbatinio šaukštelio apelsino žievelės

1½ arbatinio šaukštelio tarkuotos citrinos žievelės

¾ puodelio šviežiai spaustų apelsinų sulčių

½ puodelio aukščiausios kokybės pirmojo spaudimo alyvuogių aliejaus

1 arbatinis šaukštelis gryno vanilės ekstrakto

¼ arbatinio šaukštelio grietinėlės tartų

1. Orkaitės groteles padėkite į apatinį orkaitės trečdalį. Įkaitinkite orkaitę iki 325 ° F. Dideliame dubenyje išsijokite miltus, kepimo miltelius ir druską.

2. Dideliame dubenyje elektriniu plaktuvu išplakite kiaušinių trynius, 1 puodelį cukraus, apelsinų ir citrinų žieveles, apelsinų sultis, aliejų ir vanilės ekstraktą iki vientisos masės, maždaug 5 minutes. Gumine mentele supilkite skystį į sausus ingredientus.

3. Kitame dideliame dubenyje su švariais plaktuvais vidutiniu greičiu išplakite kiaušinių baltymus iki putų. Palaipsniui įpilkite likusią 1/4 puodelio cukraus ir grietinėlę tartų. Padidinkite greitį iki didelio. Plakite, kol pakėlus plaktuvus susidarys minkštos smailės, apie 5 minutes. Supilkite baltymus į tešlą.

4. Nubraukite tešlą į neteptą 10 colių vamzdelio indą su nuimamu dugnu. Kepkite 55 minutes arba tol, kol pyragas taps auksinės spalvos, o į centrą įsmeigtas dantų krapštukas išeis švarus.

5. Padėkite keptuvę aukštyn kojomis ant vėsinimo grotelių ir leiskite pyragui visiškai atvėsti. Plonų ašmenų peiliu apveskite keptuvės vidų, kad pyragas atsilaisvintų. Iškelkite pyragą ir formos dugną. Pastumkite peilį po pyragu ir nuimkite keptuvės dugną. Patiekite iš karto arba uždenkite apverstu dubeniu ir laikykite kambario temperatūroje iki 2 dienų.

Citrininis alyvuogių aliejaus pyragas

Torta di Limone

Padaro 8 porcijas

Lengvas citrininis pyragas iš Apulijos, kurį visada malonu turėti po ranka.

1 1/2 stiklinės paprastų pyrago miltų (nekyla savaime)

1 1/2 arbatinių šaukštelių kepimo miltelių

1/2 arbatinio šaukštelio druskos

3 dideli kiaušiniai, kambario temperatūros

1 puodelis cukraus

1/3 stiklinės alyvuogių aliejaus

1 arbatinis šaukštelis gryno vanilės ekstrakto

1 arbatinis šaukštelis tarkuotos citrinos žievelės

1/4 puodelio šviežiai spaustų citrinų sulčių

1. Įdėkite lentyną į žemiausią orkaitės trečdalį. Įkaitinkite orkaitę iki 350°F. Sutepkite 9 colių spyruoklinę formą.

2. Dideliame dubenyje išsijokite miltus, kepimo miltelius ir druską.

3. Kiaušinius išmuškite į didelį elektrinio maišytuvo dubenį. Plakite vidutiniu greičiu iki tirštos ir šviesiai geltonos spalvos, maždaug 5 minutes. Lėtai suberkite cukrų ir plakite dar 3 minutes. Lėtai įpilkite aliejaus. Plakite dar minutę. Įpilkite vanilės ir citrinos žievelės.

4. Gumine mentele tris kartus įmaišykite sausus ingredientus, pakaitomis su citrinos sultimis dviem priedais.

5. Tešlą supilkite į paruoštą skardą. Kepkite 35–40 minučių arba tol, kol pyragas taps auksinės rudos spalvos ir, paspaudus centre, atsigaus.

6. Apverskite keptuvę aukštyn kojomis ant grotelių. Leiskite visiškai atvėsti. Apveskite peilį aplink išorinį ratlankį ir nuimkite. Patiekite iš karto arba uždenkite apverstu dubeniu ir laikykite kambario temperatūroje iki 2 dienų.

Marmurinis pyragas

Torta Marmorata

Padaro nuo 8 iki 10 porcijų

Italijoje pusryčiams neskiriama daug dėmesio. Kiaušiniai ir dribsniai valgomi retai, o dauguma italų išgeria kavą su skrebučiais arba, galbūt, paprastu sausainiu ar dviem. Viešbučių pusryčiai dažnai per daug kompensuoja svetimą skonį gausia šaltų mėsos, sūrių, vaisių, kiaušinių, jogurto, duonos ir pyragaičių įvairove. Viename Venecijos viešbutyje aptikau nuostabų marmurinį pyragą, vieną iš mano mėgstamiausių tortų, išdidžiai iškabintą ant tortų stovo. Jis buvo dangiškas su kapučino puodeliu, ir man būtų taip pat patikęs arbatos metu. Padavėjas man pasakė, kad pyragas kasdien buvo pristatomas šviežias iš vietinės kepyklos, kur tai buvo specialybė. Tai mano versija, įkvėpta Venecijos.

1 1/2 stiklinės paprastų pyrago miltų (nekyla savaime)

1 1/2 arbatinių šaukštelių kepimo miltelių

1/2 arbatinio šaukštelio druskos

3 dideli kiaušiniai, kambario temperatūros

1 puodelis cukraus

⅓ stiklinės augalinio aliejaus

1 arbatinis šaukštelis gryno vanilės ekstrakto

¼ arbatinio šaukštelio migdolų ekstrakto

½ stiklinės pieno

2 uncijos kartaus saldaus arba pusiau saldaus šokolado, ištirpinto ir atvėsinto

1. Orkaitės groteles padėkite į žemiausią orkaitės trečdalį. Įkaitinkite orkaitę iki 325 ° F. Riebalais ir miltais ištepkite 10 colių vamzdelį ir išsukite miltų perteklių.

2. Dideliame dubenyje išsijokite miltus, kepimo miltelius ir druską.

3. Kitame dideliame dubenyje elektriniu plaktuvu išplakite kiaušinius vidutiniu greičiu iki storos ir šviesiai geltonos spalvos, maždaug 5 minutes. Lėtai berkite cukrų po šaukštą. Tęskite plakimą dar 2 minutes.

4. Palaipsniui supilkite aliejų ir ekstraktus. Supilkite miltus 3 kartus, pakaitomis du kartus supilkite pieną.

5. Išimkite apie 1 1/2 puodelių tešlos ir sudėkite į nedidelį dubenį. Atidėti. Likusią tešlą supilkite į paruoštą skardą.

6. Supilkite ištirpintą šokoladą į rezervuotą tešlą. Ant keptuvėje esančios tešlos dėkite didelius šaukštus šokoladinės tešlos. Norėdami sukti tešlą, laikykite stalo peilį galu žemyn. Įkiškite peilio geležtę per tešlą, švelniai apveskite ją aplink keptuvę bent 2 kartus.

7. Kepkite 40 minučių arba tol, kol pyragas taps aukso rudos spalvos, o įsmeigus į centrą dantų krapštukas bus švarus. Leiskite atvėsti ant grotelių 10 minučių.

8. Apverskite pyragą ant grotelių ir išimkite skardą. Apverskite pyragą dešine puse į viršų ant kitos grotelės. Leiskite visiškai atvėsti. Patiekite iš karto arba uždenkite apverstu dubeniu ir laikykite kambario temperatūroje iki 2 dienų.

Romo pyragas

Baba au Rhum

Padaro nuo 8 iki 10 porcijų

Pasak populiarios istorijos, šį pyragą išrado lenkų karalius, kuris rado savo babką – lenkišką mielinį pyragą – per sausą ir užpylė stikline romo. Jo kūrinys buvo pavadintas „Baba" Ali Babos iš Arabų naktų vardu. Nežinia, kaip jis išpopuliarėjo Neapolyje, bet jau kurį laiką.

Kadangi baba rauginamas su mielėmis, o ne kepimo milteliais, baba turi kempinę tekstūrą, puikiai tinkančią romo sirupui sugerti. Kai kurios versijos kepamos miniatiūrinėse bandelių formelėse, kitos – su konditerinio kremo įdaru. Man patinka patiekti su braškėmis ir plakta grietinėle ant šono – nebūdinga, bet skanu ir puikiai atrodo.

1 pakuotė (2 1/2 arbatinio šaukštelio) aktyvių sausų mielių arba momentinių mielių

1/4 puodelio šilto pieno (100–110 °F)

6 dideli kiaušiniai

2 2/3 stiklinės universalių miltų

3 šaukštai cukraus

½ arbatinio šaukštelio druskos

¾ stiklinės (1½ lazdelių) nesūdyto sviesto, kambario temperatūros

Sirupas

2 puodeliai cukraus

2 puodeliai vandens

2 (2 colių) juostelės citrinos žievelės

¼ puodelio romo

1. Sutepkite 10 colių vamzdžių skardą.

2. Pabarstykite mieles ant šilto pieno. Leiskite pastovėti iki kreminės konsistencijos, maždaug 1 minutę, tada maišykite, kol ištirps.

3. Dideliame dubenyje elektriniu plaktuvu vidutiniu greičiu plakite kiaušinius iki putų, maždaug 1 minutę. Suberkite miltus, cukrų ir druską. Sudėkite mieles ir sviestą ir plakite, kol gerai susimaišys, maždaug 2 minutes

4. Tešlą supilkite į paruoštą skardą. Uždenkite plastikine plėvele ir palikite šiltoje vietoje 1 valandą arba kol tešla padidės dvigubai.

5. Orkaitės centre padėkite lentyną. Įkaitinkite orkaitę iki 400°F. Kepkite pyragą 30 minučių arba tol, kol jis taps auksinis ir į centrą įsmeigtas dantų krapštukas išeis švarus.

6. Apverskite pyragą ant aušinimo grotelių. Išimkite keptuvę ir palikite atvėsti 10 minučių.

7. Norėdami pagaminti sirupą, vidutiniame puode sumaišykite cukrų, vandenį ir citrinos žievelę. Mišinį užvirinkite ir maišykite, kol cukrus ištirps, maždaug 2 minutes. Nuimkite citrinos žievelę. Įmaišykite romą. Atidėkite 1/4 puodelio sirupo.

8. Grąžinkite pyragą į formą. Šakute pradurkite skylutes visame paviršiuje. Lėtai šaukštu užpilkite sirupo ant pyrago, kol abu dar karšti. Leiskite visiškai atvėsti keptuvėje.

9. Prieš patiekdami pyragą apverskite ant serviravimo lėkštės ir apšlakstykite likusiu sirupu. Patiekite iš karto. Laikyti uždengtą apverstu dubeniu kambario temperatūroje iki 2 dienų.

Močiutės pyragas

Torta della Nonna

Padaro 8 porcijas

Negalėjau apsispręsti, ar įtraukti šį receptą, vadinamą torta della nonna, su tortais ar su pyragais; tačiau kadangi Toskanos tai vadina torta, aš jį pridedu prie pyragų. Jį sudaro du tešlos sluoksniai, užpildyti storu tešlos kremu. Nežinau, kieno močiutė jį išrado, bet visi mėgsta jos pyragą. Yra daug variantų, kai kurie įskaitant citrinų skonį.

1 puodelis pieno

3 dideli kiaušinių tryniai

1/3 stiklinės cukraus

1 1/2 arbatinių šaukštelių gryno vanilės ekstrakto

2 šaukštai universalių miltų

2 šaukštai apelsinų likerio arba romo

Tešla

1 2/3 stiklinės universalių miltų

½ stiklinės cukraus

1 arbatinis šaukštelis kepimo miltelių

½ arbatinio šaukštelio druskos

½ stiklinės (1 pagaliukas) nesūdyto sviesto, kambario temperatūros

1 didelis kiaušinis, lengvai paplaktas

1 arbatinis šaukštelis gryno vanilės ekstrakto

1 kiaušinio trynys išplaktas su 1 arbatiniu šaukšteliu vandens, skirtas kiaušinių plovimui

2 šaukštai pušies riešutų

Konditerinis cukrus

1. Vidutiniame puode kaitinkite pieną ant silpnos ugnies, kol aplink kraštus susidarys burbuliukai. Nukelkite nuo ugnies.

2. Vidutiniame dubenyje maždaug 5 minutes išplakite kiaušinių trynius, cukrų ir vanilę iki šviesiai geltonos spalvos. Supilkite miltus. Palaipsniui supilkite karštą pieną, nuolat plakdami. Supilkite mišinį į puodą ir virkite ant vidutinės ugnies, nuolat maišydami, kol užvirs. Sumažinkite ugnį ir troškinkite 1 minutę. Supilkite mišinį į dubenį. Įmaišykite likerį. Uždėkite plastikinės

plėvelės gabalėlį tiesiai ant kremo paviršiaus, kad nesusidarytų odelė. Šaldykite nuo 1 valandos iki nakties.

3. Padėkite lentyną orkaitės centre. Įkaitinkite orkaitę iki 350°F. 9 × 2 colių apvalią pyrago formą ištepkite riebalais.

4. Paruoškite tešlą: dideliame dubenyje sumaišykite miltus, cukrų, kepimo miltelius ir druską. Konditerijos trintuvu supjaustykite sviestą, kol mišinys taps panašus į rupius trupinius. Įmuškite kiaušinį ir vanilę ir maišykite, kol susidarys tešla. Padalinkite tešlą per pusę.

5. Pusę tešlos tolygiai paskirstykite į paruoštos formos dugną. Įspauskite tešlą į keptuvės dugną ir 1/2 colio į viršų šonus. Atšaldytą kreminį kremą paskleiskite ant tešlos centro, palikdami 1 colio kraštelį aplink kraštą.

6. Ant lengvai miltais pabarstyto paviršiaus likusią tešlą iškočiokite iki 91/2 colio apskritimo. Tešlą dėkite ant įdaro. Tešlos kraštus suglauskite, kad sutvirtėtų. Torto viršų aptepkite kiaušinio plovimu. Pabarstykite pušies riešutais. Mažu peiliu viršuje padarykite keletą įpjovų, kad garai galėtų išeiti.

7. Kepkite nuo 35 iki 40 minučių arba iki auksinės rudos spalvos. Leiskite atvėsti keptuvėje ant grotelių 10 minučių.

8. Apverskite pyragą ant grotelių, tada apverskite ant kitos grotelės, kad visiškai atvėstų. Prieš patiekdami apibarstykite konditeriniu cukrumi. Patiekite iš karto arba suvyniokite pyragą į plastikinę plėvelę ir šaldykite iki 8 valandų. Suvyniokite ir laikykite šaldytuve.

Abrikosų migdolų pyragas

Torta di Albicocche ir Mandorle

Padaro 8 porcijas

Abrikosai ir migdolai yra labai suderinami skoniai. Jei nerandate šviežių abrikosų, pakeiskite persikais arba nektarinais.

Užpilas

2/3 stiklinės cukraus

1/4 stiklinės vandens

12–14 abrikosų arba 6–8 persikų, perpjautų per pusę, be kauliukų ir supjaustytų 1/4 colio storio griežinėliais

Tortas

1 puodelis universalių miltų

1 arbatinis šaukštelis kepimo miltelių

1/2 arbatinio šaukštelio druskos

1/2 puodelio migdolų pastos

2 šaukštai nesūdyto sviesto

²/3 stiklinės cukraus

¹/2 arbatinio šaukštelio gryno vanilės ekstrakto

2 dideli kiaušiniai

²/3 stiklinės pieno

1. Paruoškite užpilą: sudėkite cukrų ir vandenį į nedidelį sunkų puodą. Virkite ant vidutinės ugnies, retkarčiais pamaišydami, kol cukrus visiškai ištirps, maždaug 3 minutes. Kai mišinys pradės virti, nustokite maišyti ir virkite, kol sirupas pradės ruduoti aplink kraštus. Tada švelniai pasukite keptuvę ant ugnies, kol sirupas taps tolygiai auksinės rudos spalvos, dar maždaug 2 minutes.

2. Apsaugodami ranką puodo laikikliu, nedelsdami supilkite karamelę į 9 × 2 colių apvalią pyrago formą. Pakreipkite keptuvę, kad dugnas tolygiai pasidengtų. Leiskite karamelei atvėsti, kol sustings, maždaug 5 minutes.

3. Orkaitės lentyną padėkite orkaitės centre. Įkaitinkite orkaitę iki 350°F. Supjaustytus vaisius, šiek tiek perdengdami, išdėliokite apskritimais ant karamelės.

4. Miltus, kepimo miltelius ir druską sumaišykite plonu tinkleliu, uždėtu ant vaško popieriaus gabalo. Išsijokite sausus ingredientus ant popieriaus.

5. Dideliame elektrinio maišytuvo dubenyje suplakite migdolų pastą, sviestą, cukrų ir vanilę iki purios masės, maždaug 4 minutes. Po vieną įmuškite kiaušinius, nubraukdami dubens šoną. Toliau plakite iki vientisos masės ir gerai susimaišys, dar apie 4 minutes.

6. Maišytuvu mažu greičiu įmaišykite 1/3 miltų mišinio. Įpilkite 1/3 pieno. Tuo pačiu būdu, baigiant miltais, supilkite likusį miltų mišinį ir pieną. Maišykite tik iki vientisos masės.

7. Tešlą užpilkite ant vaisių. Kepkite 40–45 minutes arba tol, kol pyragas taps auksinis, o į centrą įsmeigtas dantų krapštukas išeis švarus.

8. Leiskite pyragui atvėsti keptuvėje ant grotelių 10 minučių. Plona metaline mentele apjuoskite keptuvės vidų. Tortą apverskite ant serviravimo lėkštės (vaisiai bus ant viršaus) ir prieš patiekdami leiskite visiškai atvėsti. Patiekite iš karto arba uždenkite apverstu dubeniu ir laikykite kambario temperatūroje iki 24 valandų.

Vasaros vaisių tortas

Torta dell'Estate

Padaro 8 porcijas

Minkšti kaulavaisiai, tokie kaip slyvos, abrikosai, persikai ir nektarinai, puikiai tinka šiam pyragui. Pabandykite gaminti su vaisių deriniu.

12–16 slyvų arba abrikosų arba 6 vidutiniai persikai arba nektarinai, perpjauti per pusę, be kauliukų ir supjaustyti 1/2 colio griežinėliais

1 puodelis universalių miltų

1 arbatinis šaukštelis kepimo miltelių

1/2 arbatinio šaukštelio druskos

1/2 stiklinės (1 pagaliukas) nesūdyto sviesto, kambario temperatūros

2/3 puodelio plius 2 šaukštai cukraus

1 didelis kiaušinis

1 arbatinis šaukštelis tarkuotos citrinos žievelės

1 arbatinis šaukštelis gryno vanilės ekstrakto

Konditerinis cukrus

1. Padėkite lentyną orkaitės centre. Įkaitinkite orkaitę iki 350°F. Sutepkite 9 colių spyruoklinę formą.

2. Dideliame dubenyje sumaišykite miltus, kepimo miltelius ir druską.

3. Kitame dideliame dubenyje išplakite sviestą su 2/3 puodelio cukraus iki šviesios ir purios masės, maždaug 3 minutes. Įmuškite kiaušinį, citrinos žievelę ir vanilę iki vientisos masės. Sudėkite sausus ingredientus ir maišykite, kol susimaišys, dar apie 1 minutę.

4. Tešlą supilkite į paruoštą skardą. Išdėliokite vaisius, šiek tiek perdengdami, viršuje koncentriniais apskritimais. Pabarstykite likusiais 2 šaukštais cukraus.

5. Kepkite 45–50 minučių arba tol, kol pyragas taps aukso rudos spalvos, o į centrą įsmeigtas dantų krapštukas bus švarus.

6. Leiskite pyragui 10 minučių atvėsti keptuvėje ant grotelių, tada nuimkite formos kraštą. Leiskite pyragui visiškai atvėsti. Prieš patiekdami apibarstykite konditeriniu cukrumi. Patiekite iš karto arba uždenkite apverstu dubeniu ir laikykite kambario temperatūroje iki 24 val.

Rudens vaisių tortas

Torta del Autunno

Padaro 8 porcijas

Šiam paprastam pyragui tinka obuoliai, kriaušės, figos ar slyvos. Tešla suformuoja viršutinį sluoksnį, kuris ne visai dengia vaisiaus, todėl jis gali žvilgtelėti pro pyrago paviršių. Man patinka patiekti šiek tiek šiltą.

1 1/2 stiklinės universalių miltų

1 arbatinis šaukštelis kepimo miltelių

1/2 arbatinio šaukštelio druskos

2 dideli kiaušiniai

1 puodelis cukraus

1 arbatinis šaukštelis gryno vanilės ekstrakto

4 šaukštai nesūdyto sviesto, ištirpinto ir atvėsinto

2 vidutiniai obuoliai arba kriaušės, nulupti, išimti šerdį ir supjaustyti plonais griežinėliais

Konditerinis cukrus

1. Padėkite lentyną orkaitės centre. Įkaitinkite orkaitę iki 350°F. Riebalais ir miltais ištepkite 9 colių spyruoklinę pyrago formą. Išspauskite miltų perteklių.

2. Dubenyje sumaišykite miltus, kepimo miltelius ir druską.

3. Dideliame dubenyje išplakite kiaušinius su cukrumi ir vanile, kol susimaišys, maždaug 2 minutes. Įmuškite sviestą. Įmaišykite miltų mišinį, kol tik susimaišys, dar apie 1 minutę.

4. Pusę tešlos paskleiskite į paruoštą skardą. Uždenkite vaisiais. Likusią tešlą užpilkite ant viršaus po šaukštus. Tešlą tolygiai paskirstykite ant vaisių. Sluoksnis bus plonas. Nesijaudinkite, jei vaisiai nėra visiškai uždengti.

5. Kepkite 30–35 minutes arba tol, kol pyragas taps aukso rudos spalvos, o į centrą įsmeigtas dantų krapštukas bus švarus.

6. Leiskite pyragui 10 minučių atvėsti keptuvėje ant grotelių. Nuimkite keptuvės kraštą. Tortą visiškai atvėsinkite ant grotelių. Patiekite šiltą arba kambario temperatūros apibarstę konditeriniu cukrumi. Laikyti uždengtą dideliu apverstu dubeniu kambario temperatūroje iki 24 val.

Polenta ir kriaušių pyragas

Dolce di Polenta

Padaro 8 porcijas

Geltoni kukurūzų miltai suteikia malonios tekstūros ir šiltos auksinės spalvos šiam kaimiškam pyragui iš Veneto.

1 puodelis universalių miltų

⅓ stiklinės smulkiai sumaltų geltonų kukurūzų miltų

1 arbatinis šaukštelis kepimo miltelių

½ arbatinio šaukštelio druskos

¾ stiklinės (1½ lazdelių) nesūdyto sviesto, suminkštinto

¾ puodelio plius 2 šaukštai cukraus

1 arbatinis šaukštelis gryno vanilės ekstrakto

½ arbatinio šaukštelio tarkuotos citrinos žievelės

2 dideli kiaušiniai

⅓ stiklinės pieno

1 didelė prinokusi kriaušė, be šerdies ir plonai supjaustyta

1. Orkaitės centre padėkite lentyną. Įkaitinkite orkaitę iki 350°F. Riebalais ir miltais ištepkite 9 colių spyruoklinę formą. Išspauskite miltų perteklių.

2. Dideliame dubenyje išsijokite miltus, kukurūzų miltus, kepimo miltelius ir druską.

3. Dideliame dubenyje elektriniu plaktuvu išplakite sviestą, palaipsniui įpildami 3/4 puodelio cukraus iki šviesios ir purios masės, maždaug 3 minutes. Įmuškite vanilę ir citrinos žievelę. Po vieną įmuškite kiaušinius, nubraukdami dubens šonus. Mažu greičiu įmaišykite pusę sausų ingredientų. Įpilkite pieno. Sumaišykite likusius sausus ingredientus iki vientisos masės, maždaug 1 minutę.

4. Tešlą paskleiskite į paruoštą skardą. Ant viršaus išdėliokite kriaušių skilteles, jas šiek tiek perdenkite. Kriaušę apibarstykite likusiais 2 šaukštais cukraus.

5. Kepkite 45 minutes arba tol, kol pyragas taps auksinės spalvos, o į centrą įsmeigtas dantų krapštukas išeis švarus.

6. Tortą 10 minučių atvėsinkite keptuvėje ant grotelių. Nuimkite keptuvės kraštą ir pyragą visiškai atvėsinkite ant grotelių.

Patiekite iš karto arba uždenkite dideliu apverstu dubeniu ir laikykite kambario temperatūroje iki 24 valandų.

Ricotta sūrio pyragas

Torta di Ricotta

Padaro 12 porcijų

Man patinka tai galvoti kaip apie amerikietiško stiliaus itališką sūrio pyragą. Tai didelis pyragas, nors skonis subtilus, su citrinos žievele ir cinamonu. Šis pyragas kepamas vandens vonelėje, kad iškeptų tolygiai. Keptuvės dugnas apvyniotas folija, kad vanduo nepatektų į keptuvę.

1 1/4 stiklinės cukraus

1/3 stiklinės universalių miltų

1/2 arbatinio šaukštelio malto cinamono

3 svarai visos arba iš dalies nugriebtos rikotos

8 dideli kiaušiniai

2 arbatiniai šaukšteliai gryno vanilės ekstrakto

2 arbatinius šaukštelius tarkuotos citrinos žievelės

1. Orkaitės centre padėkite lentyną. Įkaitinkite orkaitę iki 350°F. Riebalais ir miltais ištepkite 9 colių spyruoklinę formą.

Išspauskite miltų perteklių. Padėkite keptuvę ant 12 colių kvadratinės tvirtos aliuminio folijos. Tvirtai apvyniokite foliją aplink dugną ir maždaug 2 colius į viršų keptuvės šonuose, kad vanduo nepatektų į vidų.

2. Vidutiniame dubenyje sumaišykite cukrų, miltus ir cinamoną.

3. Dideliame dubenyje išplakite rikotą iki vientisos masės. Įmuškite kiaušinius, vanilę ir citrinos žievelę, kol gerai susimaišys. (Jei norite sklandesnės tekstūros, sutrinkite ingredientus elektriniu plaktuvu arba sutrinkite virtuviniu kombainu.) Išplakite sausus ingredientus, kol susimaišys.

4. Supilkite tešlą į paruoštą skardą. Įdėkite keptuvę į didelę kepimo skardą ir įdėkite į orkaitę. Į kepimo skardą atsargiai supilkite karštą vandenį iki 1 colio gylio. Kepkite 1 1/2 valandų arba tol, kol pyrago viršus pasidarys auksinis, o dantų krapštukas, įsmeigtas 2 colių atstumu nuo centro, bus švarus.

5. Išjunkite orkaitę ir šiek tiek atidarykite dureles. Leiskite pyragui atvėsti išjungtoje orkaitėje 30 minučių. Išimkite pyragą iš orkaitės ir nuimkite folijos įvyniojimą. Atvėsinkite iki kambario temperatūros keptuvėje ant grotelių.

6. Patiekite kambario temperatūroje arba šaldytuve ir patiekite šiek tiek atšaldytą. Laikyti uždengtą apverstu dubeniu šaldytuve iki 3 dienų.

Sicilietiškas rikotos pyragas

Cassata

Padaro nuo 10 iki 12 porcijų

Cassata yra sicilietiškų desertų šlovė. Jį sudaro du pan di Spagna sluoksniai (Biskvitinis tortas) užpildyta saldinta, aromatizuota rikota. Visas pyragas aptepamas dviem glazūromis, viena iš tonuotos migdolų pastos, o kita pagardinta citrina. Siciliečiai tortą puošia žvilgančiais cukruotais vaisiais ir migdolų pastos iškarpomis, kad atrodytų kaip iš pasakos.

Iš pradžių patiekta tik per Velykas, dabar kasata randama švenčių metu ištisus metus.

2 Biskvitinis tortas sluoksnių

1 svaras visos arba iš dalies nugriebtos rikotos

½ stiklinės konditerinio cukraus

1 arbatinis šaukštelis gryno vanilės ekstrakto

¼ arbatinio šaukštelio malto cinamono

½ puodelio susmulkinto pusiau saldaus šokolado

2 šaukštai susmulkintos cukruotos apelsino žievelės

Apledėjimas

4 uncijos migdolų pasta

2 ar 3 lašai žalių maistinių dažų

2 kiaušinių baltymai

¼ arbatinio šaukštelio tarkuotos citrinos žievelės

1 valgomasis šaukštas šviežių citrinų sulčių

2 puodeliai konditerinio cukraus

Cukruoti arba džiovinti vaisiai, tokie kaip vyšnios, ananasai ar citrina

1. Jei reikia, paruoškite biskvitą. Tada dideliame dubenyje vieliniu plaktuvu išplakite rikotą, cukrų, vanilę ir cinamoną iki vientisos ir kreminės masės. Supilkite šokoladą ir apelsino žievelę.

2. Vieną pyrago sluoksnį dėkite ant serviravimo lėkštės. Ant viršaus paskleiskite rikotos mišinį. Ant įdaro uždėkite antrą pyrago sluoksnį.

3. Papuošimui sutrinkite migdolų pastą į virtuvinį kombainą su plieniniais peiliukais. Įlašinkite vieną lašą maistinių dažų.

Apdorokite, kol tolygiai nusidažysite šviesiai žaliai, jei reikia, pridėkite daugiau spalvos. Pašalinkite migdolų pastą ir suformuokite trumpą storą rąstą.

4. Migdolų pastą supjaustykite į 4 išilgines skilteles. Įdėkite vieną gabalėlį tarp dviejų vaško popieriaus lapų. Kočėlu išlyginkite jį į siaurą 3 colių ilgio ir 1/8 colio storio juostelę. Išvyniokite ir nupjaukite visus šiurkščius kraštus, palikdami likučius. Pakartokite su likusia migdolų pasta. Juostelės turi būti maždaug tokio paties pločio kaip torto aukštis. Apvyniokite migdolų pastos juosteles nuo galo iki galo aplink pyrago šonus, šiek tiek perdengdami galus.

5. Surinkite migdolų pastos likučius ir pervyniokite juos. Supjaustykite į dekoratyvines formas, pavyzdžiui, žvaigždutes, gėles ar lapus, naudodami sausainių formeles.

6. Paruoškite glajų: išplakite kiaušinių baltymus, citrinos žievelę ir sultis. Suberkite konditerinį cukrų ir išmaišykite iki vientisos masės.

7. Glajuje tolygiai paskirstykite pyrago viršų. Papuoškite pyragą migdolų pastos išpjovomis ir cukruotais vaisiais. Uždenkite dideliu apverstu dubeniu ir laikykite šaldytuve iki patiekimo iki 8 valandų. Likučius uždengtus laikykite šaldytuve iki 2 dienų.

Ricotta trupinių pyragas

Sbriciolata di Ricotta

Padaro 8 porcijas

Brunch, labai amerikietiškas patiekalas, šiuo metu madingas Milane ir kituose šiaurės Italijos miestuose. Tai mano versija rikota įdaru trupinių pyrago, kurį valgiau priešpiečių metu kavinėje netoli Piazza del Duomo Milano širdyje.

2½ stiklinės universalių miltų

½ arbatinio šaukštelio druskos

½ arbatinio šaukštelio malto cinamono

¾ stiklinės (1½ lazdelių) nesūdyto sviesto

⅔ stiklinės cukraus

1 didelis kiaušinis

Užpildymas

1 svaras visos arba iš dalies nugriebtos rikotos

¼ stiklinės cukraus

1 arbatinis šaukštelis tarkuotos citrinos žievelės

1 didelis kiaušinis, sumuštas

¼ puodelio razinų

Konditerinis cukrus

1. Orkaitės centre padėkite lentyną. Įkaitinkite orkaitę iki 350°F. Riebalais ir miltais ištepkite 9 colių spyruoklinę formą. Išspauskite miltų perteklių.

2. Dideliame dubenyje sumaišykite miltus, druską ir cinamoną.

3. Dideliame dubenyje elektriniu plaktuvu vidutiniu greičiu išplakite sviestą ir cukrų iki šviesios ir purios masės, maždaug 3 minutes. Įmuškite kiaušinį. Mažu greičiu maišykite sausus ingredientus, kol mišinys susimaišys ir susidarys tvirta tešla, dar apie 1 minutę.

4. Paruoškite įdarą: rikotą, cukrų ir citrinos žievelę išmaišykite, kol susimaišys. Įmuškite kiaušinį ir gerai išmaišykite. Įmaišykite razinas.

5. 2/3 tešlos sutrupinkite į paruoštą skardą. Tvirtai paglostykite trupinius, kad susidarytų apatinė pluta. Tepkite rikotos mišiniu,

aplink palikdami 1/2 colio kraštelį. Ant viršaus sutrupinkite likusią tešlą, tolygiai paskirstydami trupinius.

6. Kepkite 40–45 minutes arba tol, kol pyragas taps aukso rudos spalvos, o į centrą įsmeigtas dantų krapštukas bus švarus. Leiskite atvėsti keptuvėje ant grotelių 10 minučių.

7. Plona metaline mentele apjuoskite keptuvės vidų. Nuimkite keptuvės kraštą ir visiškai atvėsinkite pyragą. Prieš patiekdami apibarstykite konditeriniu cukrumi. Laikykite uždengtą dideliu apverstu dubeniu šaldytuve iki 2 dienų.

Velykinis kviečių-uogų pyragas

La Pastiera

Kviečių uogos suteikia šiam tradiciniam neapolietiškam Velykiniam pyragui šiek tiek kramtomos tekstūros. Tai buvo mano tėvo mamos receptas, kurį ji atsivežė iš Procidos, salos prie Neapolio krantų. Neapoliečiai mėgsta šį desertą, jį rasite ištisus metus esančiose kepyklėlėse ir restoranuose. Tiek pluta, tiek įdaras pagardinti cinamonu ir apelsinų žiedų vandeniu – subtilia apelsinų žiedų esencija, kuri dažnai naudojama pietų Italijos desertuose. Jį galima rasti daugelyje gurmaniškų parduotuvių, prieskonių parduotuvių ir etninių rinkų. Jei nerandate, pakeiskite šviežiomis apelsinų sultimis. Lukštentų kviečių dažnai galima rasti Italijos turguose ir natūralaus maisto parduotuvėse arba išbandykiteužsakymo paštu šaltiniai.

Tešla

3 puodeliai universalių miltų

1/2 arbatinio šaukštelio malto cinamono

1/2 arbatinio šaukštelio druskos

3/4 stiklinės (1 1/2 lazdelių) nesūdyto sviesto, suminkštinto

1 puodelis konditerinio cukraus

1 didelis kiaušinis

2 dideli kiaušinių tryniai

2 arbatiniai šaukšteliai apelsinų žiedų vandens

Užpildymas

4 uncijos lukštentų kviečių (apie 1/2 puodelio)

1/2 arbatinio šaukštelio druskos

1/2 stiklinės (1 pagaliukas) nesūdyto sviesto, suminkštinto

1 arbatinis šaukštelis tarkuotos apelsino žievelės

1 svaras (2 puodeliai) visos arba iš dalies nugriebtos rikotos

4 dideli kiaušiniai, kambario temperatūros

2/3 stiklinės cukraus

3 šaukštai apelsinų žiedų vandens

1 arbatinis šaukštelis malto cinamono

1/2 puodelio labai smulkiai pjaustytos cukruotos citrinos

1/2 puodelio labai smulkiai pjaustytų cukruotų apelsinų žievelių

Konditerinis cukrus

1. Paruoškite tešlą: dideliame dubenyje sumaišykite miltus, cinamoną ir druską.

2. Dideliame dubenyje elektriniu plaktuvu vidutiniu greičiu išplakite sviestą ir konditerinį cukrų iki šviesios ir purios masės, maždaug 3 minutes. Įmuškite kiaušinį ir trynius ir plakite iki vientisos masės. Įmuškite apelsinų žiedų vandenį. Sudėkite sausus ingredientus ir maišykite, kol susimaišys, dar apie 1 minutę.

3. 1/4 tešlos suformuokite diską. Iš likusios tešlos padarykite antrą diską. Apvyniokite kiekvieną gabalėlį plastikine plėvele ir atvėsinkite nuo 1 valandos iki nakties.

4. Paruoškite įdarą: sudėkite kviečius į didelį dubenį, įpilkite šalto vandens, kad apsemtų, ir palikite mirkti per naktį šaldytuve. Nusausinkite kviečius.

5. Išmirkytus kviečius sudėkite į vidutinį puodą su šaltu vandeniu, kad apsemtų. Įberkite druskos ir užvirkite ant vidutinės ugnies. Virkite, retkarčiais pamaišydami, kol kviečiai suminkštės, 20–30 minučių. Nusausinkite, sudėkite į didelį dubenį. Įmaišykite sviestą ir apelsino žievelę. Leiskite atvėsti.

6. Įdėkite lentyną į apatinį orkaitės trečdalį. Įkaitinkite orkaitę iki 350°F. Riebalais ir miltais ištepkite 9 × 3 colių spyruoklinę formą. Dideliame dubenyje suplakite rikotą, kiaušinius, cukrų, apelsinų žiedų vandenį ir cinamoną. Plakite, kol susimaišys. Įmaišykite kviečių mišinį, citriną ir cukruotą apelsino žievelę.

7. Didesnį tešlos gabalą iškočiokite iki 16 colių apskritimo. Tešlą užtepkite ant kočėlo. Pakeldami smeigtuką, įdėkite tešlą į skardą ir išlyginkite visas indo viduje esančias raukšles. Ant tešlos braukite įdarą ir išlyginkite viršų.

8. Mažesnį tešlos gabalėlį iškočiokite iki 10 colių apskritimo. Su rievelėmis tešlą supjaustykite 1/2 colio pločio juostelėmis. Išklokite juosteles skersai įdaro grotelių būdu. Juostelių galus prispauskite prie tešlos keptuvės šonuose. Nupjaukite tešlą, palikdami 1/2 colio pertekliaus aplink kraštą, ir užlenkite plutos kraštą ant grotelių juostelių galų. Tvirtai paspauskite, kad užsandarintumėte.

9. Kepkite 1 valandą 10 minučių arba tol, kol pyrago viršus taps auksinės spalvos, o į centrą įsmeigtas dantų krapštukas išeis švarus.

10. Leiskite pyragui atvėsti keptuvėje ant grotelių 15 minučių. Nuimkite formos kraštą ir leiskite pyragui visiškai atvėsti ant

grotelių. Prieš pat patiekiant apibarstyti konditeriniu cukrumi. Laikyti uždengtą apverstu dubeniu šaldytuve iki 3 dienų.

Šokoladinis lazdyno riešutų pyragas

Torta Gianduja

Padaro nuo 8 iki 10 porcijų

Šokoladas ir lazdyno riešutas, Pjemonte mėgstamas derinys, žinomas kaip gianduja (tariama gyan-doo-ya). Rasite daug saldainių, pagamintų arba įdarytų gianduja, gelato, pagardintą gianduja, ir garsiausią gianduja iš visų – Nutella – kreminį stiklainyje supakuotą šokoladinį lazdyno riešutų užtepėlę, kurią italų vaikai labiau mėgsta nei žemės riešutų sviestą. Gianduja taip pat yra commedia dell'arte veikėjo, atstovaujančio Turiną, Pjemonto sostinę, vardas.

Šis Pjemonto pyragas yra tamsus, tankus ir itin sodrus.

6 uncijos pusiau saldaus arba kartaus saldaus šokolado

1 2/3 puodelių skrudintų ir nuluptų lazdyno riešutų (žrKaip paskrudinti ir nulupti riešutus)

½ stiklinės (1 pagaliukas) nesūdyto sviesto, kambario temperatūros

1 puodelis cukraus

5 dideli kiaušiniai, atskirti

Žiupsnelis druskos

Glajus

6 uncijos pusiau saldaus arba kartaus saldaus šokolado, supjaustyto

2 šaukštai nesūdyto sviesto

1. Apatinėje dvigubo katilo pusėje arba vidutiniame puode užvirinkite 2 colius vandens. Šokoladą sudėkite į viršutinę dvigubo katilo pusę arba į dubenį, kuris patogiai įsitaisys virš puodo. Leiskite šokoladui pastovėti, kol suminkštės, apie 5 minutes. Išmaišykite iki vientisos masės. Leiskite šiek tiek atvėsti.

2. Orkaitės lentyną padėkite orkaitės centre. Įkaitinkite orkaitę iki 350°F. 9 × 2 colių apvalią pyrago formą ištepkite riebalais.

3. Virtuviniu kombainu arba blenderiu smulkiai supjaustykite lazdyno riešutus. Atidėkite 2 šaukštus.

4. Dideliame dubenyje elektriniu plaktuvu vidutiniu greičiu išplakite sviestą su cukrumi iki šviesios ir purios masės, apie 3 minutes. Sudėkite kiaušinių trynius ir plakite iki vientisos masės. Gumine mentele įmaišykite šokoladą ir lazdyno riešutus.

5. Dideliame švariame dubenyje su švariais plakikliais išplakite kiaušinių baltymus ir druską vidutiniu greičiu iki putų, maždaug 1 minutę. Padidinkite greitį iki didelio ir plakite, kol susidarys minkštos smailės, maždaug 5 minutes. Gumine mentele atsargiai įmaišykite didelį šaukštą baltymų į šokolado mišinį, kad jis pašviesėtų. Tada palaipsniui sulenkite likusią dalį. Supilkite tešlą į paruoštą skardą ir išlyginkite paviršių. Kepkite 55–60 minučių arba tol, kol pyragas bus tvirtas aplink kraštą, bet šiek tiek drėgnas centre.

6. Leiskite atvėsti keptuvėje 15 minučių ant grotelių. Tada išimkite pyragą ant grotelių, apverskite ant kitos grotelės ir leiskite visiškai atvėsti dešine puse į viršų.

7. Paruoškite glajų: užvirinkite maždaug 2 colius vandens apatinėje dvigubo katilo arba nedidelio puodo pusėje. Šokoladą ir sviestą sudėkite į viršutinę dvigubo katilo pusę arba į nedidelį karščiui atsparų dubenį, kuris patogiai telpa ant puodo. Padėkite dubenį ant verdančio vandens. Palikite neuždengtą, kol šokoladas suminkštės. Išmaišykite iki vientisos masės.

8. Padėkite pyragą ant torto grotelių, pastatytų ant didelio vaško popieriaus gabalo. Glajų užpilkite ant torto ir tolygiai paskirstykite jo šonus ir viršų ilga metaline mentele.

9. Torto kraštą pabarstykite likusiais 2 šaukštais smulkintų riešutų. Palikite vėsioje vietoje, kol glajus sustings.

10. Patiekite kambario temperatūroje. Laikyti uždengtą dideliu apverstu dubeniu šaldytuve iki 3 dienų.

Šokoladinis migdolų pyragas

Torta Caprese

Padaro 8 porcijas

Nežinau, kaip šis subtilus pyragas tapo Kaprio ypatybe, bet man tai puikus apsilankymo ten prisiminimas. Patiekite su plakta grietinėle.

8 uncijos pusiau saldaus arba kartaus saldaus šokolado

1 puodelis (2 lazdelės) nesūdyto sviesto, kambario temperatūros

1 puodelis cukraus

6 dideli kiaušiniai, atskirti, kambario temperatūros

1 1/2 stiklinės migdolų, labai smulkiai sumaltų

Žiupsnelis druskos

Nesaldinti kakavos milteliai

1. Apatinėje dvigubo katilo pusėje arba vidutiniame puode užvirinkite 2 colius vandens. Šokoladą sudėkite į viršutinę dvigubo katilo pusę arba į karščiui atsparų dubenį, kuris patogiai įsitaisys virš puodo. Leiskite šokoladui pastovėti, kol

suminkštės, apie 5 minutes. Išmaišykite iki vientisos masės. Leiskite šiek tiek atvėsti.

2. Orkaitės lentyną padėkite orkaitės centre. Įkaitinkite orkaitę iki 350°F. Riebalais ir miltais ištepkite 9 colių apvalią pyrago formą. Išspauskite miltų perteklių.

3. Dideliame dubenyje elektriniu plaktuvu vidutiniu greičiu išplakite sviestą su 3/4 puodelio cukraus iki šviesios ir purios masės, maždaug 3 minutes. Po vieną sudėkite kiaušinių trynius, kiekvieną kartą gerai išplakdami. Gumine mentele įmaišykite šokoladą ir migdolus.

4. Dideliame švariame dubenyje su švariais plakikliais vidutiniu greičiu išplakite kiaušinių baltymus su druska iki putų. Padidinkite greitį iki didelio ir įberkite likusią 1/4 puodelio cukraus. Plakite toliau, kol kiaušinių baltymai taps blizgūs, o pakėlus plakiklius palaikykite minkštus, maždaug 5 minutes.

5. Supilkite apie 1/4 baltymų į šokolado mišinį, kad jis pašviesėtų. Palaipsniui įmaišykite likusius baltymus.

6. Tešlą supilkite į paruoštą skardą. Kepkite 45 minutes arba tol, kol pyragas sustings aplink kraštą, bet centras bus minkštas ir drėgnas, o į centrą įsmeigtas dantų krapštukas išeis padengtas šokoladu. Leiskite atvėsti keptuvėje ant grotelių 10 minučių.

7. Plona metaline mentele apjuoskite keptuvės vidų. Tortą apverskite ant lėkštės. Pasukite jį dešine puse į viršų ant aušinimo stovo. Leiskite visiškai atvėsti, tada pabarstykite kakavos milteliais. Patiekite kambario temperatūroje. Laikyti uždengtą dideliu apverstu dubeniu šaldytuve iki 3 dienų.

Šokoladinis apelsinų tortas

Torta di Cioccolatta all'Arancia

Padaro 8 porcijas

Šiame neįprastame pyrage iš Ligūrijos šokoladas ir apelsinas yra puikus derinys. Šiam pyragui būtinai naudokite drėgną, kvapnią cukruotą apelsino žievelę.

6 uncijos kartaus arba pusiau saldaus šokolado

6 dideli kiaušiniai, kambario temperatūros, atskirti

2/3 stiklinės cukraus

2 šaukštai apelsinų likerio

12/3 stiklinės graikinių riešutų, skrudintų ir labai smulkiai pjaustytų (žrKaip paskrudinti ir nulupti riešutus)

1/3 stiklinės smulkiai pjaustytų cukruotų apelsinų žievelių

Konditerinis cukrus

1. Įdėkite lentyną į apatinį orkaitės trečdalį. Įkaitinkite orkaitę iki 350°F. Riebalais ir miltais ištepkite 9 colių spyruoklinę formą, išsukite miltų perteklių.

2.Apatinėje dvigubo katilo pusėje arba vidutiniame puode užvirinkite 2 colius vandens. Šokoladą sudėkite į viršutinę dvigubo katilo pusę arba į dubenį, kuris patogiai įsitaisys virš puodo. Leiskite šokoladui pastovėti, kol suminkštės, apie 5 minutes. Išmaišykite iki vientisos masės.

3.Dideliame dubenyje elektriniu plaktuvu vidutiniu greičiu plakite kiaušinių trynius ir 1/3 puodelio cukraus iki tirštos ir šviesiai geltonos masės, maždaug 5 minutes. Įmuškite apelsinų likerį. Įmaišykite šokoladą, riešutus ir apelsino žievelę.

4.Dideliame švariame maišytuvo dubenyje vidutiniu greičiu išplakite kiaušinių baltymus iki putų. Palaipsniui įberkite likusią 1/3 stiklinės cukraus. Padidinkite greitį ir plakite, kol baltymai taps blizgūs ir susidarys minkštos smailės, maždaug 5 minutes. Gumine mentele supilkite 1/3 išplaktų baltymų į šokolado mišinį, kad jis pašviesėtų. Palaipsniui sulenkite likusią dalį.

5.Tešlą supilkite į paruoštą skardą. Kepkite 45 minutes arba tol, kol pyragas sustings aplink kraštą, bet vis tiek šiek tiek drėgnas, įsmeigus dantų krapštuką į centrą.

6.Tortą visiškai atvėsinkite keptuvėje ant grotelių. Plona metaline mentele apeikite keptuvės vidų, kad ją atlaisvintumėte. Nuimkite kraštelį ir padėkite pyragą ant serviravimo lėkštės. Prieš patiekdami pyragą apibarstykite konditeriniu cukrumi. Patiekite kambario temperatūroje. Laikyti uždengtą dideliu apverstu dubeniu šaldytuve iki 3 dienų.

www.ingramcontent.com/pod-product-compliance
Lightning Source LLC
Chambersburg PA
CBHW070403120526
44590CB00014B/1231